Die deutschen Verben

Classic Edition

dnf-Verlag

Die deutschen Verben, Classic Edition

von
Rainer Brandt

unter der Leitung der
Verlagsredation Neue Sprachen, dnf-Verlag Das Neue Fachbuch GmbH.

ISBN 978-3-89831-377-3

3. Auflage 02 | 2009, völlig überarbeitete Neuauflage

www.dnf-Verlag.de
e-mail: info@dnf-Verlag.de

Gestaltung, Druck und Realisierung: dnf-Verlag Germany.

Vorwort

Die deutschen Verben Classic Edition ist ein lehrbuchunabhängiges Lern- und Nachschlagewerk zur Konjugation. Es richtet sich an alle Schüler und Studenten, Volkshochschüler und Selbstlerner.

Das Buch ist in 3 Teile gegliedert, einem Erklärungsteil, einem Verbenteil, dem Index.

Im Erklärungsteil wird Ihnen ausführlich erläutert, wie die Konjugation der deutschen Verben generell funktioniert und wie Sie das Buch benutzen können.

Der Verbenteil stellt die Bildung der deutschen Verben anhand von 73 ausgewählten Beispielverben dar. Die einzenen Beispielverben sind in jeweils *einer* übersichtlichen Tabelle und nicht in vielen, in die einzelnen Zeiten unterteilten Tabellen, dargestellt. Dies hat den Vorteil, dass Sie die Veränderungen in den einzelnen Verbformen auf den ersten Blick erkennen und sich damit sehr viel zusätzlichen Lernaufwand sparen.
Alle dargestellten Beispielverben wurden nach ähnlichen Konjugationsmustern und nicht nach dem Alphabet geordnet. Sie erkennen dadurch die Unterschiede bzw. Parallelen bei der Bildung der einzelnen Verbformen und vermeiden doppelte Lernarbeit.
Zu jeder Verbgruppe sind ihre charakteristischen Besonderheiten in der rechten äußeren Infospalte jeder Tabelle dargestellt.
Die farbige Hervorhebung aller Besonderheiten in den Verbformen, Kursivdruck der Verbendungen und nicht zuletzt die Infozeile am unteren Rand jeder Tabelle mit Merkhinweisen, Lernhilfen und Erläuterungen stellen das Wesentliche heraus und werden Ihnen eine unentbehrliche Lernhilfe sein.
Eine Übersicht über die Verbgruppen sorgt für den notwendigen Gesamtüberblick.

Der Index enthält über 12000 Verbeinträge. Jedes einzelne Verb ist mit einer Ziffer versehen, die auf die Nummer des entsprechenden Beispielverbs verweist. Zusätzlich sind Informationen wie wichtige Präpositionen, Transitivität, Intransitivität und Reflexivität zu jedem einzelnen Verb angegeben.

Verfasser und Verlag

Inhaltsverzeichnis

Abkürzungen

d. h.	das heißt
etc.	etcetera
etw.	etwas
Fut.	Futur
i.	intransitiv
Imp.	Imperativ
Ind.	Indikativ
Inf.	Infinitiv
itr.	intransitiv
jd.	jemand
jm.	jemandem
jn.	jemanden
js.	jemandes
Konj.	Konjunktiv
Mod.	Modus
Part.	Partizip
Perf.	Perfekt
Plus.	Plusquamperfekt
Präs.	Präsens
Prät.	Präteritum
r.	reflexiv
St.form	Stammform
t.	transitiv
tr.	transitiv
unp.	unpersönliches Verb
z. B.	zum Beispiel
zs.	zusammen
zur.	zurück

Konjugation - wie funktioniert das?

Konjugation - wie funktioniert das?

Konjugation (Beugung) bedeutet Abwandlung der Grundform (Infinitiv) des Verbs bezüglich Person und Zeit, d. h. der Verbstamm wird nicht verändert, die Verbendung wird bezüglich der jeweiligen Person und Zeit entsprechend abgewandelt (z. B. lieb***en*** und du lieb***st***).

Die Verben lassen sich in die Konjugationsgruppen
der Verben haben, sein und werden,
der regelmäßigen Verben,
der unregelmäßigen Verben mit -a im Stamm,
der unregelmäßigen Verben mit -au im Stamm,
der unregelmäßigen Verben mit -ä im Stamm,
der unregelmäßigen Verben mit -e im Stamm,
der unregelmäßigen Verben mit -ei im Stamm,
der unregelmäßigen Verben mit -i im Stamm,
der unregelmäßigen Verben mit -ie im Stamm,
der unregelmäßigen Verben mit -o im Stamm,
der unregelmäßigen Verben mit -ö im Stamm,
der unregelmäßigen Verben mit -u im Stamm,
der unregelmäßigen Verben mit -ü im Stamm,
die wiederum zahlreiche Untergruppen bilden, einteilen. Die einzelnen Verbgruppen sind in einer Übersicht vor den Konjugationstabellen dargestellt.

Die Konjugation jeder Verbgruppe wird anhand eines Beispielverbs dargestellt. Anhand dieser Beispielverben lässt sich jedes andere Verb konjugieren. Beim Verb schlafen zum Beispiel wird der Stammbuchstabe -a im Indikativ Präsens der 2. und 3. Person Singular in -ä, im Indikativ Präteritum in -ie umgewandelt (schlaf*en* - du schläf*st* - er schläf*t* - er schlief - *ge*schlaf*en*). Das Verb halten, das - wie im Index angegeben - der gleichen Verbgruppe angehört, ändert den Stammbuchstaben -a im Indikativ Präsens der 2. und 3. Person Singular bzw. im Indikativ Präteritum ebenfalls in -ä bzw. -ie (halt*en* - du hält*st* - er häl*t* - er hielt - *ge*halt*en*).

Im Index ist zu jedem Verb eine Nummer angegeben, die auf die Konjugationstabelle verweist, die für das gesuchte Verb gilt.

Auf den folgenden beiden Seiten ist die Konjugation eines Beispielverbs mit der Erläuterung der einzelnen Bestandteile dargestellt.

① ③

11. Schlafen

② ④ ⑤ ⑥

Mod.	Zeit	1. Person Singular	2. Person Singular	3. Person Singular
Ind.	Präs.	ich schlafe	du schläfst	er schläft
	Prät.	ich **schlief**	du **schliefst**	er **schlief**
	Perf.	ich *habe* geschlafen	du *hast* geschlafen	er *hat* geschlafen
	Plus.	ich *hatte* geschlafen	du *hattest* geschlafen	er *hatte* geschlafen
	Fut. I	ich *werde* schlafen	du *wirst* schlafen	er *wird* schlafen
	Fut. II	ich *werde* geschlafen *haben*	du *wirst* geschlafen *haben*	er *wird* geschlafen *haben*
Konj.	I Präs.	ich schlafe	du schlafest	er schlafe
	II Prät.	ich **schliefe**	du **schliefest**	er **schliefe**
	I Perf.	ich *habe* geschlafen	du *habest* geschlafen	er *habe* geschlafen
	II Plus.	ich *hätte* geschlafen	du *hättest* geschlafen	er *hätte* geschlafen
	I Fut. I	ich *werde* schlafen	du *werdest* schlafen	er *werde* schlafen
	II Fut. I	ich *würde* schlafen	du *würdest* schlafen	er *würde* schlafen
	I Fut.II	ich *werde* geschlafen *haben*	du *werdest* geschlafen *haben*	er *werde* geschlafen *haben*
	II Fut.II	ich *würde* geschlafen *haben*	du *würdest* geschlafen *haben*	er *würde* geschlafen *haben*
Imp.		-	schlafe	-
Inf.	Präs.	schlafen		
	Perf.	geschlafen *haben*		
	Fut.I	schlafen *werden*		
	Fut.II	geschlafen *haben werden*		
Part.	Präs.	schlafend		
	Perf.	geschlafen		

⑨

Ebenso konjugiert werden blasen, braten, halten, raten und ihre Zusammensetzungen sowie die Zu stamm auf -s endet, das -st der Endung in der 2. Person Singular im Indikativ Präsens auf -t verkürzt Verbstamm auf -t endet, wird vor allen Endungen, die mit -t beginnen und die nicht unregelmäßig sind des Verbstamms (er hält). Dies gilt für braten, halten und raten und ihre Zusammensetzungen.

| schlafen - schläfst - schlief - schlafe - schliefe - geschlafen ⑦

1. Person Plural		2. Person Plural		3. Person Plural	
wir	schlafen	ihr	schlaft	sie	schlafen
wir	schliefen	ihr	schlieft	sie	schliefen
wir *haben*	geschlafen	ihr *habt*	geschlafen	sie *haben*	geschlafen
wir *hatten*	geschlafen	ihr *hattet*	geschlafen	sie *hatten*	geschlafen
wir *werden*	schlafen	ihr *werdet*	schlafen	sie *werden*	schlafen
wir *werden*	geschlafen *haben*	ihr *werdet*	geschlafen *haben*	sie *werden*	geschlafen *haben*
wir	schlafen	ihr	schlafet	sie	schlafen
wir	schliefen	ihr	schliefet	sie	schliefen
wir *haben*	geschlafen	ihr *habet*	geschlafen	sie *haben*	geschlafen
wir *hätten*	geschlafen	ihr *hättet*	geschlafen	sie *hätten*	geschlafen
wir *werden*	schlafen	ihr *werdet*	schlafen	sie *werden*	schlafen
wir *würden*	schlafen	ihr *würdet*	schlafen	sie *würden*	schlafen
wir *werden*	geschlafen *haben*	ihr *werdet*	geschlafen *haben*	sie *werden*	geschlafen *haben*
wir *würden*	geschlafen *haben*	ihr *würdet*	geschlafen *haben*	sie *würden*	geschlafen *haben*
	-		schlaft		-

sammensetzungen von schlafen. Es ist zu beachten, dass bei allen Verben, deren Verb-
wird. Dies gilt für blasen und seine Zusammensetzungen (du bläst). Bei den Verben, deren
ein -e eingefügt (ihr haltet). In der 3. Person Singular im Indikativ Präsens entfällt das -t

blasen, braten, halten, raten, schlafen ⑧

Von Anfang an wird Ihnen ein wesentliches Merkmal der Verbtabellen auffallen: die Verbformen einer Zeit sind nicht untereinander dargestellt, sondern nebeneinander. Sie erkennen dadurch sofort Parallelen und Unterschiede zwischen den einzelnen Zeiten (z. B. die 1. Person Singular endet im Präsens auf -e, im Präteritum auf -te etc.:

ich lieb***e*** und
ich lieb***te*****).**

Sie brauchen daher nicht jede einzelne Verbform, sondern nur die Unterschiede zu lernen.

① Nummer des Beispielverbs.
Diese Nummer, die auch im Index angegeben ist, verweist auf das Beispielverb, nach dem das gesuchte Verb konjugiert wird (z. B. halten, 11 wird genauso konjugiert wie das unter der 11 dargestellte Beispielverb).

② In diesen beiden Spalten sind Modus (Mod.) und Zeit angegeben. Zum Modus gehören:

Ind.:	Indikativ	drückt aus, dass ein Vorgang tatsächlich stattfindet.
Konj. I:	Konjunktiv I	drückt den Wunsch, die Aufforderung aus und wird vor allem in der indirekten Rede eingesetzt.
Konj. II:	Konjunktiv II	drückt die Irrealität, Potenzialität aus und wird vor allem in der indirekten Rede eingesetzt. Konjunktiv I und II können in allen Zeiten gebildet werden. Um welchen Konjunktiv es sich bei der jeweiligen Zeit handelt, ist durch I bzw. II vor der Zeit angegeben (z. B. Konj. II Prät. steht für Konjunktiv II Präteritum).
Imp.:	Imperativ	drückt einen Befehl, eine Aufforderung aus.

Zu den Zeiten gehören:

Präs.:	Präsens	drückt aus, dass ein Vorgang in der Gegenwart stattfindet.
Prät.:	Präteritum	drückt aus, dass ein Vorgang in der Vergangenheit abgeschlossen ist.
Perf.:	Perfekt	drückt aus, dass ein Vorgang abgeschlossen ist, was im Sprechzeitpunkt festgestellt wird (vollendete Gegenwart).
Plus.:	Plusquamperfekt	drückt aus, dass ein Vorgang vor der Vergangenheit stattfand (Vorvergangenheit).
Fut. I:	Futur I	drückt aus, dass ein Vorgang in der Zukunft stattfindet.
Fut. II:	Futur II	drückt aus, dass ein Vorgang zu einem Zeitpunkt in der Zukunft abgeschlossen sein wird.

Formen, die keine Zeit ausdrücken sind:

Inf. Präs.:	Präsens Infinitiv	Grund- oder Nennform des Verbs und drückt aus, dass Vorgang von Haupt- und Nebensatz gleichzeitig
Inf. Perf.:	Perfekt Infinitiv	drückt aus, dass der Vorgang des Nebensatzes vor dem des Hauptsatzes stattfindet.
Inf. Fut. I:	Infinitiv Futur I	drückt aus, dass der Vorgang des Nebensatzes nach dem des Hauptsatzes stattfindet.
Inf. Fut. II:	Infinitiv Futur II	drückt aus, dass der Vorgang des Nebensatzes zu einem bestimmten Zeitpunkt in der Zukunft abgeschlossen sein wird.
Part. Präs.:	Partizip Präsens	steht häufig in der Funktion eines Adjektivs oder bezeichnet den Verlauf eines Vergangs.
Part. Perf.:	Partizip Perfekt	wird zur Bildung des Passivs und der Zeiten benötigt, die ein Hilfsverb bei sich haben (z. B. Perfekt).

Wir empfehlen Ihnen sich über den Gebrauch der Zeiten und Modi in einem Grammatikbuch zu informieren.

③ Beispielverb.

④ In diesen Spalten sind die Verbformen der jeweiligen Person dargestellt, d. h.:
die 1. Person Singular bezeichnet die Person ich,
die 2. Person Singular bezeichnet die Person du,
die 3. Person Singular bezeichnet die Person er, sie, es. Aus Gründen der Übersichtlichkeit ist nur die Person er dargestellt,
die 1. Person Plural bezeichnet die Person wir,
die 2. Person Plural bezeichnet die Person ihr,
die 3. Person Plural bezeichnet die Person sie und die höfliche Anrede Sie.

⑤ Hilfsverb, mit dem die jeweilige Zeit gebildet wird (kursiv dargestellt.)

⑥ Endung des Beispielverbs. Alle Endungen sind kursiv dargestellt. Somit können Sie erkennen, ob der Verbstamm oder die Verbendung von der regelmäßigen Konjugation abweicht.
Alle Merkmale, die von der regelmäßigen Konjugation abweichen (z. B. Verbstamm -a ändert sich in der 3. Person Singular des Präsens in -ä) sind farbig hervorgehoben, fett gedruckt und zusätzlich durch ein dunkel eingefärbtes Feld gekennzeichnet. Sie können Unregelmäßigkeiten und Besonderheiten so auf einen Blick erfassen und brauchen nur diese zu lernen.

⑦ Verbgruppe mit den Formen:
Infinitiv - Präsens (2. Person Singular) - Präteritum (1. Person Singular) - Konjunktiv I Präsens (3. Person Singular) - Konjunktiv II Präteritum (3. Person Singular) - Partizip (schlafen - schläfst - schlief - schlafe - schliefe - geschlafen).
Von diesen Formen lassen sich alle Verbformen in allen Zeiten ableiten, z. B. der Konjunktiv I Präsens leitet sich vom Infinitiv ab und der Konjunktiv II Präteritum leitet sich vom Präteritum (1. Person Singular) ab. Das Partizip wird in allen Zeiten benötigt, die mit Hilfsverb gebildet werden (z. B. Perfekt, Plusquamperfekt etc.). Sie brauchen also eigentlich nur diese Stammformen zu lernen und können so alle Zeiten bilden.

⑧ Wichtige Verben, die ebenfalls zu dieser Verbgruppe gehören. Dies bezieht auch die zusammengesetzten Verben mit ein, die aus Gründen der Übersichtlichkeit nicht zusätzlich aufgeführt sind.

⑨ Infozeile.
Ausführliche Erläuterungen und Zusatzinformationen zu einzelnen dieser Verbgruppe zugehörigen Verben.

Übersicht über die Verbgruppen

Die folgende Übersicht stellt die 3 Stammformen dar. Zusätzlich sind die 2. und 3. Person Singular des Indikativ Präsens, sofern diese unregelmäßig sind, sowie die 3. Person Singular des Konjunktiv I und II dargestellt. Besonderheiten bei der Bildung der einzelnen Verbformen sind farbig hervorgehoben und fett gedruckt, die Verbendungen sind kursiv dargestellt. Völlig unregelmäßige Verbformen sind insgesamt farbig hervorgehoben und fett gedruckt.

1. St.form Infinitiv	Präsens	2. St.form Präteritum	Konjunktiv I	Konjunktiv II	3. St.form Partizip	Hilfsverb
Die Hilfsverben						
hab*en*	ich habe du **hast** er **hat**	ich **hatte**	er habe	er **hätte**	*ge*hab*t*	haben
sein	ich **bin** du **bist** er **ist** wir **sind** ihr **seid** sie **sind**	ich **war**	er **sei**	er **wäre**	**gewesen**	sein
w**e**rd*en*	ich werde du **wirst** er **wird**	ich **wurde**	er werde	er **würde**	*ge*w**o**rd***en***	sein
Die regelmäßigen Verben						
lieb*en*	ich liebe	ich lieb*te*	er liebe	er lieb*te*	*ge*lieb*t*	haben
einstell*en*	ich stelle **ein**	ich stell*te* **ein**	er stelle **ein**	er stell*te* **ein**	**ein***ge*stell*t*	haben
lös*en*	ich löse du lös***t***	ich lös*te*	er löse	er lös*te*	*ge*lös*t*	haben
falt*en*	ich falte du falt**e***st* er falt**e***t*	ich falt**e***te*	er falte	er falt**e***te*	*ge*falt**e***t*	haben
mahl*en*	ich mahle	ich mahl*te*	er mahle	er mahl*te*	*ge*mahl***en***	haben
studier*en*	ich studiere	ich studier*te*	er studiere	er studier*te*	**studiert**	haben
Die unregelmäßigen Verben mit -a im Stamm						
f**a**ng*en*	ich fange du f**ä**ng*st* er f**ä**ng*t*	ich **fing**	er fange	er **finge**	*ge*fang***en***	haben
schl**a**f*en*	ich schlafe du schl**ä**f*st* er schl**ä**f*t*	ich **schlief**	er schlafe	er **schliefe**	*ge*schlaf***en***	haben
f**a**ll*en*	ich falle du f**ä**ll*st* er f**ä**ll*t*	ich **fiel**	er falle	er **fiele**	*ge*fall***en***	**sein**

1. St.form Infinitiv	Präsens	2. St.form Präteritum	Konjunktiv I	Konjunktiv II	3. St.form Partizip	Hilfsverb
lassen	ich lasse du lässt er lässt	ich ließ du ließest	er lasse	er ließe	gelassen	haben
schallen	es schallt	es scholl	es schalle	es schölle	geschallt	haben
tragen	ich trage du trägst er trägt	ich trug	er trage	er trüge	getragen	haben
schaffen	ich schaffe	ich schuf*1 ich schaffte	er schaffe	er schüfe* er schaffte	geschaffen* geschafft	haben
mit -au im Stamm						
laufen	ich laufe du läufst er läuft	ich lief	er laufe	er liefe	gelaufen	sein
hauen	ich haue	ich hieb ich haute	er haue	er hiebe er haute	gehauen	haben
saugen	ich sauge	ich sog	er sauge	er söge	gesogen	haben
saufen	ich saufe du säufst er säuft	ich soff	er saufe	er söffe	gesoffen	haben
mit -ä im Stamm						
gebären	ich gebäre du gebärst/ (gebierst sie gebärt/ (gebiert)	ich gebar	sie gebäre	sie gebäre	geboren	haben; sein
hängen	ich hänge	ich hing (itr.) ich hängte (tr.)	er hänge	er hinge (itr.) er hängte (tr.)	gehangen (itr.) gehängt (tr.)	haben
wägen	ich wäge	ich wog	er wäge	er wöge	gewogen	haben
mit -e im Stamm						
senden	ich sende du sendest er sendet	ich sandte*2 ich sendete	er sende	er sendete	gesandt* gesendet	haben
kennen	ich kenne	ich kannte	er kenne	er kennte (selten)	gekannt	haben
genesen	ich genese du genest er genest	ich genas du genasest	er genese	er genäse	genesen	sein
denken	ich denke	ich dachte	er denke	er dächte	gedacht	haben
stehen	ich stehe	ich stand du stand(e)st	er stehe	er stünde er stände	gestanden	haben

*1 Schuf, schüfe, geschaffen wird in der Bedeutung von schöpferisch tätig sein, schaffte, geschafft wird in der Bedeutung arbeiten, vollbringen verwendet..

* 2 Sandte, gesandt wird in der Bedeutung schicken, sendete, gesendet wird in der Bedeutung im Rundfunk übertragen verwendet.

1. St.form Infinitiv	Präsens	2. St.form Präteritum	Konjunktiv I	Konjunktiv II	3. St.form Partizip	Hilfsverb
geben	ich gebe du gibst er gibt	ich gab	er gebe	er gäbe	gegeben	haben
essen	ich esse du isst er isst	ich aß du aßest	er esse	er äße	gegessen	haben
sehen	ich sehe du siehst er sieht	ich sah	er sehe	er sähe	gesehen	haben
treten	ich trete du trittst er tritt	ich trat du trat(e)st	er trete	er träte	getreten	haben (tr.) sein (itr.)
treffen	ich treffe du triffst er trifft	ich traf	er treffe	er träfe	getroffen	haben
stehlen	ich stehle du stiehlst er stiehlt	ich stahl	er stehle	er stähle er stöhle (selten)	gestohlen	haben
sprechen	ich spreche du sprichst er spricht	ich sprach	er spreche	er spräche	gesprochen	haben
werfen	ich werfe du wirfst er wirft	ich warf	er werfe	er würfe	geworfen	haben
nehmen	ich nehme du nimmst er nimmt	ich nahm	er nehme	er nähme	genommen	haben
helfen	ich helfe du hilfst er hilft	ich half	er helfe	er hülfe er hälfe	geholfen	haben
fechten	ich fechte du fich(t)st er ficht	ich focht du fochtest	er fechte	er föchte	gefochten	haben
erschrecken	ich erschrecke du erschrickst er erschrickt	ich erschrak	er erschrecke	er erschräke	erschreckt	haben
heben	ich hebe	ich hob	er hebe	er höbe	gehoben	haben
gehen	ich gehe	ich ging	er gehe	er ginge	gegangen	sein

mit -i im Stamm

bringen	ich bringe	ich brachte	er bringe	er brächte	gebracht	haben
bitten	ich bitte du bittest er bittet	ich bat du bat(e)st	er bitte	er bäte	gebeten	haben

1. St.form Infinitiv	Präsens	2. St.form Präteritum	Konjunktiv I	Konjunktiv II	3. St.form Partizip	Hilfsverb
sitzen	ich sitze du sitzt er sitzt	ich saß du saßest	er sitze	er säße	gesessen	haben
beginnen	ich beginne	ich begann	er beginne	er begänne er begönne	begonnen	haben
trinken	ich trinke	ich trank	er trinke	er tränke	getrunken	haben
erklimmen	ich erklimme	ich erklomm	er erklimme	er erklömme	erklommen	haben
schinden	ich schinde du schindest er schindet	ich schund ich schindete	er schinde	er schünde	geschunden	haben
wissen	ich weiß du weißt er weiß	ich wusste	er wisse	er wüsste	gewusst	haben
mit -ie im Stamm						
liegen	ich liege	ich lag	er liege	er läge	gelegen	haben
fliegen	ich fliege	ich flog	er fliege	er flöge	geflogen	haben (tr.) sein (itr.)
gießen	ich gieße, du gießt er gießt	ich goss du gossest	er gieße	er gösse	gegossen	haben
ziehen	ich ziehe	ich zog	er ziehe	er zöge	gezogen	haben (tr.) sein (itr.)
triefen	ich triefe	ich troff	er triefe	er tröffe	getroffen	haben
sieden	ich siede du siedest er siedet	ich sott du sottest	er siede	er sötte	gesotten	haben
mit -ei im Stamm						
streichen	ich streiche	ich strich	er streiche	er striche	gestrichen	haben
pfeifen	ich pfeife	ich pfiff	er pfeife	er pfiffe	gepfiffen	haben
leiden	ich leide du leidest er leidet	ich litt du litt(e)st	er leide	er litte	gelitten	haben
beißen	ich beiße du beißt er beißt	ich biss du bissest	er beiße	er bisse	gebissen	haben
bleiben	ich bleibe	ich blieb	er bleibe	er bliebe	geblieben	sein
heißen	ich heiße du heißt er heißt	ich hieß du hießest	er heiße	er hieße	geheißen	haben
mit -o im Stamm						
kommen	ich komme	ich kam	er komme	er käme	gekommen	sein

1. St.form Infinitiv	Präsens	2. St.form Präteritum	Konjunktiv I	Konjunktiv II	3. St.form Partizip	Hilfsverb
stoßen	ich stoße du stößt er stößt	ich stieß du stießest	er stoße	er stieße	gestoßen	haben (tr.) sein (itr.)
wollen	ich will du willst er will	ich wollte	er wolle	er wollte	gewollt	haben

mit -ö im Stamm

schwören	ich schwöre	ich schwor	er schwöre	er schwüre er schwöre	geschworen	haben
können	ich kann du kannst er kann	ich konnte	er könne	er könnte	gekonnt	haben
mögen	ich mag du magst er mag	ich mochte	er möge	er möchte	gemocht	haben

mit -u im Stamm

tun	ich tue	ich tat du tat(e)st	er tue	er täte	getan	haben
rufen	ich rufe	ich rief	er rufe	er riefe	gerufen	haben

mit -ü im Stamm

lügen	ich lüge	ich log	er lüge	er löge	gelogen	haben
müssen	ich muss du musst er muss	ich musste	er müsse	er müsste	gemusst	haben
dürfen	ich darf du darfst er darf	ich durfte	er dürfe	er dürfte	gedurft	haben

Verbtabellen

1. Haben

Mod.	Zeit	1. Person Singular			2. Person Singular			3. Person Singular		
Ind.	Präs.	ich	habe		du	**hast**		er	**hat**	
	Prät.	ich	**hatte**		du	**hattest**		er	**hatte**	
	Perf.	ich *habe*	gehabt		du *hast*	gehabt		er *hat*	gehabt	
	Plus.	ich *hatte*	gehabt		du *hattest*	gehabt		er *hatte*	gehabt	
	Fut. I	ich *werde*	haben		du *wirst*	haben		er *wird*	haben	
	Fut. II	ich *werde*	gehabt	*haben*	du *wirst*	gehabt	*haben*	er *wird*	gehabt	*haben*
Konj.	I Präs.	ich	habe		du	habest		er	habe	
	II Prät.	ich	**hätte**		du	**hättest**		er	**hätte**	
	I Perf.	ich *habe*	gehabt		du *habest*	gehabt		er *habe*	gehabt	
	II Plus.	ich *hätte*	gehabt		du *hättest*	gehabt		er *hätte*	gehabt	
	I Fut. I	ich *werde*	haben		du *werdest*	haben		er *werde*	haben	
	II Fut. I	ich *würde*	haben		du *würdest*	haben		er *würde*	haben	
	I Fut.II	ich *werde*	gehabt	*haben*	du *werdest*	gehabt	*haben*	er *werde*	gehabt	*haben*
	II Fut.II	ich *würde*	gehabt	*haben*	du *würdest*	gehabt	*haben*	er *würde*	gehabt	*haben*
Imp.			-			habe			-	
Inf.	Präs.		haben							
	Perf.		gehabt	*haben*						
	Fut.I		haben	*werden*						
	Fut.II		gehabt	*haben*	*werden*					
Part.	Präs.		habend							
	Perf.		gehabt							

1. Person Plural			2. Person Plural			3. Person Plural		
wir	hab*en*		ihr	hab*t*		sie	hab*en*	
wir	**hatten**		ihr	**hattet**		sie	**hatten**	
wir *haben*	*ge*hab*t*		ihr *habt*	*ge*hab*t*		sie *haben*	*ge*hab*t*	
wir *hatten*	*ge*hab*t*		ihr *hattet*	*ge*hab*t*		sie *hatten*	*ge*hab*t*	
wir *werden*	hab*en*		ihr *werdet*	hab*en*		sie *werden*	hab*en*	
wir *werden*	*ge*hab*t*	*haben*	ihr *werdet*	*ge*hab*t*	*haben*	sie *werden*	*ge*hab*t*	*haben*
wir	hab*en*		ihr	hab*et*		sie	hab*en*	
wir	**hätten**		ihr	**hättet**		sie	**hätten**	
wir *haben*	*ge*hab*t*		ihr *habet*	*ge*hab*t*		sie *haben*	*ge*hab*t*	
wir *hätten*	*ge*hab*t*		ihr *hättet*	*ge*hab*t*		sie *hätten*	*ge*hab*t*	
wir *werden*	hab*en*		ihr *werdet*	hab*en*		sie *werden*	hab*en*	
wir *würden*	hab*en*		ihr *würdet*	hab*en*		sie *würden*	hab*en*	
wir *werden*	*ge*hab*t*	*haben*	ihr *werdet*	*ge*hab*t*	*haben*	sie *werden*	*ge*hab*t*	*haben*
wir *würden*	*ge*hab*t*	*haben*	ihr *würdet*	*ge*hab*t*	*haben*	sie *würden*	*ge*hab*t*	*haben*
-			hab*t*			-		

2. Sein

Mod.	Zeit	1. Person Singular		2. Person Singular		3. Person Singular	
Ind.	Präs.	ich	**bin**	du	**bist**	er	**ist**
	Prät.	ich	**war**	du	**warst**	er	**war**
	Perf.	ich *bin*	**gewesen**	du *bist*	**gewesen**	er *ist*	**gewesen**
	Plus.	ich *war*	**gewesen**	du *warst*	**gewesen**	er *war*	**gewesen**
	Fut. I	ich *werde*	sein	du *wirst*	sein	er *wird*	sein
	Fut. II	ich *werde*	**gewesen** *sein*	du *wirst*	**gewesen** *sein*	er *wird*	**gewesen** *sein*
Konj.	I Präs.	ich	**sei**	du	**sei(e)st**	er	**sei**
	II Prät.	ich	**wäre**	du	**wär(e)st**	er	**wäre**
	I Perf.	ich *sei*	**gewesen**	du *sei(e)st*	**gewesen**	er *sei*	**gewesen**
	II Plus.	ich *wäre*	**gewesen**	du *wär(e)st*	**gewesen**	er *wäre*	**gewesen**
	I Fut. I	ich *werde*	sein	du *werdest*	sein	er *werde*	sein
	II Fut. I	ich *würde*	sein	du *würdest*	sein	er *würde*	sein
	I Fut.II	ich *werde*	**gewesen** *sein*	du *werdest*	**gewesen** *sein*	er *werde*	**gewesen** *sein*
	II Fut.II	ich *würde*	**gewesen** *sein*	du *würdest*	**gewesen** *sein*	er *würde*	**gewesen** *sein*
Imp.			-		**sei**		-
Inf.	Präs.		sein				
	Perf.		**gewesen** *sein*				
	Fut.I		sein *werden*				
	Fut.II		**gewesen** *sein* *werden*				
Part.	Präs.		**seiend**				
	Perf.		**gewesen**				

1. Person Plural	2. Person Plural	3. Person Plural
wir **sind**	ihr **seid**	sie **sind**
wir **waren**	ihr **wart**	sie **waren**
wir *sind* **gewesen**	ihr *seid* **gewesen**	sie *sind* **gewesen**
wir *waren* **gewesen**	ihr *wart* **gewesen**	sie *waren* **gewesen**
wir *werden* sein	ihr *werdet* sein	sie *werden* sein
wir *werden* **gewesen** *sein*	ihr *werdet* **gewesen** *sein*	sie *werden* **gewesen** *sein*
wir **seien**	ihr **seiet**	sie **seien**
wir **wären**	ihr **wär(e)t**	sie **wären**
wir *seien* **gewesen**	ihr *seiet* **gewesen**	sie *seien* **gewesen**
wir *wären* **gewesen**	ihr *wär(e)t* **gewesen**	sie *wären* **gewesen**
wir *werden* sein	ihr *werdet* sein	sie *werden* sein
wir *würden* sein	ihr *würdet* sein	sie *würden* sein
wir *werden* **gewesen** *sein*	ihr *werdet* **gewesen** *sein*	sie *werden* **gewesen** *sein*
wir *würden* **gewesen** *sein*	ihr *würdet* **gewesen** *sein*	sie *würden* **gewesen** *sein*
-	**seid**	-

sein

3. Werden

Mod.	Zeit	1. Person Singular	2. Person Singular	3. Person Singular
Ind.	Präs.	ich werde	du **wirst**	er **wird**
	Prät.	ich **wurde**	du **wurdest**	er **wurde**
	Perf.	ich *bin* **geworden**	du *bist* **geworden**	er *ist* **geworden**
	Plus.	ich *war* **geworden**	du *warst* **geworden**	er *war* **geworden**
	Fut. I	ich *werde* werden	du *wirst* werden	er *wird* werden
	Fut. II	ich *werde* **geworden** *sein*	du *wirst* **geworden** *sein*	er *wird* **geworden** *sein*
Konj.	I Präs.	ich werde	du werdest	er werde
	II Prät.	ich **würde**	du **würdest**	er **würde**
	I Perf.	ich *sei* **geworden**	du *sei(e)st* **geworden**	er *sei* **geworden**
	II Plus.	ich *wäre* **geworden**	du *wär(e)st* **geworden**	er *wäre* **geworden**
	I Fut. I	ich *werde* werden	du *werdest* werden	er *werde* werden
	II Fut. I	ich *würde* werden	du *würdest* werden	er *würde* werden
	I Fut.II	ich *werde* **geworden** *sein*	du *werdest* **geworden** *sein*	er *werde* **geworden** *sein*
	II Fut.II	ich *würde* **geworden** *sein*	du *würdest* **geworden** *sein*	er *würde* **geworden** *sein*
Imp.		-	werde	-
Inf.	Präs.	werden		
	Perf.	**geworden** *sein*		
	Fut.I	werden *werden*		
	Fut.II	**geworden** *sein* *werden*		
Part.	Präs.	werdend		
	Perf.	**geworden**		

Im Passiv wird geworden nach einem weiteren Partizip Perfekt zu worden (ich bin eingeladen worden).

1. Person Plural	2. Person Plural	3. Person Plural
wir werd*en*	ihr werd*et*	sie werd*en*
wir **wurden**	ihr **wurdet**	sie **wurden**
wir *sind* **geworden**	ihr *seid* **geworden**	sie *sind* **geworden**
wir *waren* **geworden**	ihr *wart* **geworden**	sie *waren* **geworden**
wir *werden* werd*en*	ihr *werdet* werd*en*	sie *werden* werd*en*
wir *werden* **geworden** *sein*	ihr *werdet* **geworden** *sein*	sie *werden* **geworden** *sein*
wir werd*en*	ihr werd*et*	sie werd*en*
wir **würden**	ihr **würdet**	sie **würden**
wir *seien* **geworden**	ihr *seiet* **geworden**	sie *seien* **geworden**
wir *wären* **geworden**	ihr *wär(e)t* **geworden**	sie *wären* **geworden**
wir *werden* werd*en*	ihr *werdet* werd*en*	sie *werden* werd*en*
wir *würden* werd*en*	ihr *würdet* werd*en*	sie *würden* werd*en*
wir *werden* **geworden** *sein*	ihr *werdet* **geworden** *sein*	sie *werden* **geworden** *sein*
wir *würden* **geworden** *sein*	ihr *würdet* **geworden** *sein*	sie *würden* **geworden** *sein*
-	werd*et*	-

4. Lieben

Mod.	Zeit	1. Person Singular	2. Person Singular	3. Person Singular
Ind.	Präs.	ich liebe	du liebst	er liebt
	Prät.	ich liebte	du liebtest	er liebte
	Perf.	ich *habe* geliebt	du *hast* geliebt	er *hat* geliebt
	Plus.	ich *hatte* geliebt	du *hattest* geliebt	er *hatte* geliebt
	Fut. I	ich *werde* lieben	du *wirst* lieben	er *wird* lieben
	Fut. II	ich *werde* geliebt *haben*	du *wirst* geliebt *haben*	er *wird* geliebt *haben*
Konj.	I Präs.	ich liebe	du liebest	er liebe
	II Prät.	ich liebte	du liebtest	er liebte
	I Perf.	ich *habe* geliebt	du *habest* geliebt	er *habe* geliebt
	II Plus.	ich *hätte* geliebt	du *hättest* geliebt	er *hätte* geliebt
	I Fut. I	ich *werde* lieben	du *werdest* lieben	er *werde* lieben
	II Fut. I	ich *würde* lieben	du *würdest* lieben	er *würde* lieben
	I Fut.II	ich *werde* geliebt *haben*	du *werdest* geliebt *haben*	er *werde* geliebt *haben*
	II Fut.II	ich *würde* geliebt *haben*	du *würdest* geliebt *haben*	er *würde* geliebt *haben*
Imp.		-	liebe	-
Inf.	Präs.	lieben		
	Perf.	geliebt *haben*		
	Fut.I	lieben *werden*		
	Fut.II	geliebt *haben* *werden*		
Part.	Präs.	liebend		
	Perf.	geliebt		

Bei den Verben, die nicht auf -en, sondern nur auf -n enden, wird die Endung -n abgetrennt, um den gen angehängt (z. B. ändern, du änderst, er änderte etc.).

1. Person Plural			2. Person Plural			3. Person Plural		
wir	lieb**en**		ihr	lieb**t**		sie	lieb**en**	
wir	lieb**ten**		ihr	lieb**tet**		sie	lieb**ten**	
wir *haben*	**ge**lieb**t**		ihr *habt*	**ge**lieb**t**		sie *haben*	**ge**lieb**t**	
wir *hatten*	**ge**lieb**t**		ihr *hattet*	**ge**lieb**t**		sie *hatten*	**ge**lieb**t**	
wir *werden*	lieben		ihr *werdet*	lieben		sie *werden*	lieben	
wir *werden*	**ge**lieb**t**	*haben*	ihr *werdet*	**ge**lieb**t**	*haben*	sie *werden*	**ge**lieb**t**	*haben*
wir	lieb**en**		ihr	lieb**et**		sie	lieb**en**	
wir	lieb**ten**		ihr	lieb**tet**		sie	lieb**ten**	
wir *haben*	**ge**lieb**t**		ihr *habet*	**ge**lieb**t**		sie *haben*	**ge**lieb**t**	
wir *hätten*	**ge**lieb**t**		ihr *hättet*	**ge**lieb**t**		sie *hätten*	**ge**lieb**t**	
wir *werden*	lieben		ihr *werdet*	lieben		sie *werden*	lieben	
wir *würden*	lieben		ihr *würdet*	lieben		sie *würden*	lieben	
wir *werden*	**ge**lieb**t**	*haben*	ihr *werdet*	**ge**lieb**t**	*haben*	sie *werden*	**ge**lieb**t**	*haben*
wir *würden*	**ge**lieb**t**	*haben*	ihr *würdet*	**ge**lieb**t**	*haben*	sie *würden*	**ge**lieb**t**	*haben*
	-			lieb**t**			-	

Verbstamm zu erhalten. An diesen Verbstamm werden dann die hier dargestellten Endun-

5. Einstellen

Mod.	Zeit	1. Person Singular		2. Person Singular		3. Person Singular	
Ind.	Präs.	ich	stelle ein	du	stellst ein	er	stellt ein
	Prät.	ich	stellte ein	du	stelltest ein	er	stellte ein
	Perf.	ich *habe*	eingestellt	du *hast*	eingestellt	er *hat*	eingestellt
	Plus.	ich *hatte*	eingestellt	du *hattest*	eingestellt	er *hatte*	eingestellt
	Fut. I	ich *werde*	einstellen	du *wirst*	einstellen	er *wird*	einstellen
	Fut. II	ich *werde*	eingestellt *haben*	du *wirst*	eingestellt *haben*	er *wird*	eingestellt *haben*
Konj.	I Präs.	ich	stelle ein	du	stellst ein	er	stelle ein
	II Prät.	ich	stellte ein	du	stelltest ein	er	stellte ein
	I Perf.	ich *habe*	eingestellt	du *habest*	eingestellt	er *habe*	eingestellt
	II Plus.	ich *hätte*	eingestellt	du *hättest*	eingestellt	er *hätte*	eingestellt
	I Fut. I	ich *werde*	einstellen	du *werdest*	einstellen	er *werde*	einstellen
	II Fut. I	ich *würde*	einstellen	du *würdest*	einstellen	er *würde*	einstellen
	I Fut.II	ich *werde*	eingestellt *haben*	du *werdest*	eingestellt *haben*	er *werde*	eingestellt *haben*
	II Fut.II	ich *würde*	eingestellt *haben*	du *würdest*	eingestellt *haben*	er *würde*	eingestellt *haben*
Imp.		-			stelle ein	-	
Inf.	Präs.		einstellen				
	Perf.		eingestellt *haben*				
	Fut.I		einstellen *werden*				
	Fut.II		eingestellt *haben werden*				
Part.	Präs.		einstellend				
	Perf.		eingestellt				

1. Person Plural	2. Person Plural	3. Person Plural
wir stell*en* ein	ihr stell*t* ein	sie stell*en* ein
wir stell*ten* ein	ihr stell*tet* ein	sie stell*ten* ein
wir *haben* ein*ge*stell*t*	ihr *habt* ein*ge*stell*t*	sie *haben* ein*ge*stell*t*
wir *hatten* ein*ge*stell*t*	ihr *hattet* ein*ge*stell*t*	sie *hatten* ein*ge*stell*t*
wir *werden* einstell*en*	ihr *werdet* einstell*en*	sie *werden* einstell*en*
wir *werden* ein*ge*stell*t* *haben*	ihr *werdet* ein*ge*stell*t* *haben*	sie *werden* ein*ge*stell*t* *haben*
wir stell*en* ein	ihr stell*et* ein	sie stell*en* ein
wir stell*ten* ein	ihr stell*tet* ein	sie stell*ten* ein
wir *haben* ein*ge*stell*t*	ihr *habet* ein*ge*stell*t*	sie *haben* ein*ge*stell*t*
wir *hätten* ein*ge*stell*t*	ihr *hättet* ein*ge*stell*t*	sie *hätten* ein*ge*stell*t*
wir *werden* einstell*en*	ihr *werdet* einstell*en*	sie *werden* einstell*en*
wir *würden* einstell*en*	ihr *würdet* einstell*en*	sie *würden* einstell*en*
wir *werden* ein*ge*stell*t* *haben*	ihr *werdet* ein*ge*stell*t* *haben*	sie *werden* ein*ge*stell*t* *haben*
wir *würden* ein*ge*stell*t* *haben*	ihr *würdet* ein*ge*stell*t* *haben*	sie *würden* ein*ge*stell*t* *haben*
-	stell*t* ein	-

entscheiden
Ich beschloss

6. Lös*en*

Mod.	Zeit	1. Person Singular	2. Person Singular	3. Person Singular
Ind.	Präs.	ich lös*e*	du lös*t*	er lös*t*
	Prät.	ich lös*te*	du lös*test*	er lös*te*
	Perf.	ich *habe* *ge*lös*t*	du *hast* *ge*lös*t*	er *hat* *ge*lös*t*
	Plus.	ich *hatte* *ge*lös*t*	du *hattest* *ge*lös*t*	er *hatte* *ge*lös*t*
	Fut. I	ich *werde* lös*en*	du *wirst* lös*en*	er *wird* lös*en*
	Fut. II	ich *werde* *ge*lös*t* *haben*	du *wirst* *ge*lös*t* *haben*	er *wird* *ge*lös*t* *haben*
Konj.	I Präs.	ich lös*e*	du lös*est*	er lös*e*
	II Prät.	ich lös*te*	du lös*test*	er lös*te*
	I Perf.	ich *habe* *ge*lös*t*	du *habest* *ge*lös*t*	er *habe* *ge*lös*t*
	II Plus.	ich *hätte* *ge*lös*t*	du *hättest* *ge*lös*t*	er *hätte* *ge*lös*t*
	I Fut. I	ich *werde* lös*en*	du *werdest* lös*en*	er *werde* lös*en*
	II Fut. I	ich *würde* lös*en*	du *würdest* lös*en*	er *würde* lös*en*
	I Fut.II	ich *werde* *ge*lös*t* *haben*	du *werdest* *ge*lös*t* *haben*	er *werde* *ge*lös*t* *haben*
	II Fut.II	ich *würde* *ge*lös*t* *haben*	du *würdest* *ge*lös*t* *haben*	er *würde* *ge*lös*t* *haben*
Imp.		-	lös*e*	-
Inf.	Präs.	lös*en*		
	Perf.	*ge*lös*t* *haben*		
	Fut.I	lös*en* *werden*		
	Fut.II	*ge*lös*t* *haben* *werden*		
Part.	Präs.	lös*end*		
	Perf.	*ge*lös*t*		

Bei allen Verben, deren Verbstamm auf -s, -ß, -z, oder -x endet , wird das -st der Endung in der 2.

1. Person Plural			2. Person Plural			3. Person Plural		
wir	lösen		ihr	löst		sie	lösen	
wir	lösten		ihr	löstet		sie	lösten	
wir *haben*	gelöst		ihr *habt*	gelöst		sie *haben*	gelöst	
wir *hatten*	gelöst		ihr *hattet*	gelöst		sie *hatten*	gelöst	
wir *werden*	lösen		ihr *werdet*	lösen		sie *werden*	lösen	
wir *werden*	gelöst	*haben*	ihr *werdet*	gelöst	*haben*	sie *werden*	gelöst	*haben*
wir	lösen		ihr	löset		sie	lösen	
wir	lösten		ihr	löstet		sie	lösten	
wir *haben*	gelöst		ihr *habet*	gelöst		sie *haben*	gelöst	
wir *hätten*	gelöst		ihr *hättet*	gelöst		sie *hätten*	gelöst	
wir *werden*	lösen		ihr *werdet*	lösen		sie *werden*	lösen	
wir *würden*	lösen		ihr *würdet*	lösen		sie *würden*	lösen	
wir *werden*	gelöst	*haben*	ihr *werdet*	gelöst	*haben*	sie *werden*	gelöst	*haben*
wir *würden*	gelöst	*haben*	ihr *würdet*	gelöst	*haben*	sie *würden*	gelöst	*haben*
-			löst			-		

Person Singular im Indikativ Präsens auf -t verkürzt.

7. Falten

Mod.	Zeit	1. Person Singular			2. Person Singular			3. Person Singular		
Ind.	Präs.	ich	falte		du	faltest		er	faltet	
	Prät.	ich	faltete		du	faltetest		er	faltete	
	Perf.	ich *habe*	*gefaltet*		du *hast*	*gefaltet*		er *hat*	*gefaltet*	
	Plus.	ich *hatte*	*gefaltet*		du *hattest*	*gefaltet*		er *hatte*	*gefaltet*	
	Fut. I	ich *werde*	falten		du *wirst*	falten		er *wird*	falten	
	Fut. II	ich *werde*	*gefaltet*	*haben*	du *wirst*	*gefaltet*	*haben*	er *wird*	*gefaltet*	*haben*
Konj.	I Präs.	ich	falte		du	faltest		er	falte	
	II Prät.	ich	faltete		du	faltetest		er	faltete	
	I Perf.	ich *habe*	*gefaltet*		du *habest*	*gefaltet*		er *habe*	*gefaltet*	
	II Plus.	ich *hätte*	*gefaltet*		du *hättest*	*gefaltet*		er *hätte*	*gefaltet*	
	I Fut. I	ich *werde*	falten		du *werdest*	falten		er *werde*	falten	
	II Fut. I	ich *würde*	falten		du *würdest*	falten		er *würde*	falten	
	I Fut.II	ich *werde*	*gefaltet*	*haben*	du *werdest*	*gefaltet*	*haben*	er *werde*	*gefaltet*	*haben*
	II Fut.II	ich *würde*	*gefaltet*	*haben*	du *würdest*	*gefaltet*	*haben*	er *würde*	*gefaltet*	*haben*
Imp.			-			falte			-	
Inf.	Präs.		falten							
	Perf.		*gefaltet*	*haben*						
	Fut.I		falten	*werden*						
	Fut.II		*gefaltet*	*haben*	*werden*					
Part.	Präs.		faltend							
	Perf.		*gefaltet*							

Alle Verben, deren Verbstamm auf -d, -t, -m oder -n endet, fügen vor allen Endungen, die mit -t oder -s

1. Person Plural			2. Person Plural			3. Person Plural		
wir	falt*en*		ihr	falt*et*		sie	falt*en*	
wir	falt*eten*		ihr	falt*etet*		sie	falt*eten*	
wir *haben*	*ge*falt*et*		ihr *habt*	*ge*falt*et*		sie *haben*	*ge*falt*et*	
wir *hatten*	*ge*falt*et*		ihr *hattet*	*ge*falt*et*		sie *hatten*	*ge*falt*et*	
wir *werden*	falten		ihr *werdet*	falten		sie *werden*	falten	
wir *werden*	*ge*falt*et*	*haben*	ihr *werdet*	*ge*falt*et*	*haben*	sie *werden*	*ge*falt*et*	*haben*
wir	falt*en*		ihr	falt*et*		sie	falt*en*	
wir	falt*eten*		ihr	falt*etet*		sie	falt*eten*	
wir *haben*	*ge*falt*et*		ihr *habet*	*ge*falt*et*		sie *haben*	*ge*falt*et*	
wir *hätten*	*ge*falt*et*		ihr *hättet*	*ge*falt*et*		sie *hätten*	*ge*falt*et*	
wir *werden*	falten		ihr *werdet*	falten		sie *werden*	falten	
wir *würden*	falten		ihr *würdet*	falten		sie *würden*	falten	
wir *werden*	*ge*falt*et*	*haben*	ihr *werdet*	*ge*falt*et*	*haben*	sie *werden*	*ge*falt*et*	*haben*
wir *würden*	*ge*falt*et*	*haben*	ihr *würdet*	*ge*falt*et*	*haben*	sie *würden*	*ge*falt*et*	*haben*
-				falt*et*		-		

beginnen nach dem Verbstamm -e ein.

8. Mahl*en*

Mod.	Zeit	1. Person Singular	2. Person Singular	3. Person Singular
Ind.	Präs.	ich mahle	du mahl*st*	er mahl*t*
	Prät.	ich mahl*te*	du mahl*test*	er mahl*te*
	Perf.	ich *habe* gemahl**en**	du *hast* gemahl**en**	er *hat* gemahl**en**
	Plus.	ich *hatte* gemahl**en**	du *hattest* gemahl**en**	er *hatte* gemahl**en**
	Fut. I	ich *werde* mahl*en*	du *wirst* mahl*en*	er *wird* mahl*en*
	Fut. II	ich *werde* gemahl**en** *haben*	du *wirst* gemahl**en** *haben*	er *wird* gemahl**en** *haben*
Konj.	I Präs.	ich mahle	du mahl*est*	er mahle
	II Prät.	ich mahl*te*	du mahl*test*	er mahl*te*
	I Perf.	ich *habe* gemahl**en**	du *habest* gemahl**en**	er *habe* gemahl**en**
	II Plus.	ich *hätte* gemahl**en**	du *hättest* gemahl**en**	er *hätte* gemahl**en**
	I Fut. I	ich *werde* mahl*en*	du *werdest* mahl*en*	er *werde* mahl*en*
	II Fut. I	ich *würde* mahl*en*	du *würdest* mahl*en*	er *würde* mahl*en*
	I Fut.II	ich *werde* gemahl**en** *haben*	du *werdest* gemahl**en** *haben*	er *werde* gemahl**en** *haben*
	II Fut.II	ich *würde* gemahl**en** *haben*	du *würdest* gemahl**en** *haben*	er *würde* gemahl**en** *haben*
Imp.		-	mahle	-
Inf.	Präs.	mahl*en*		
	Perf.	gemahl**en** *haben*		
	Fut.I	mahl*en* *werden*		
	Fut.II	gemahl**en** *haben* *werden*		
Part.	Präs.	mahl*end*		
	Perf.	gemahl**en**		

Das Partizip Perfekt der Verben dieser Verbgruppe endet auf -en statt auf -t.

1. Person Plural	2. Person Plural	3. Person Plural
wir mahl*en*	ihr mahl*t*	sie mahl*en*
wir mahl*ten*	ihr mahl*tet*	sie mahl*ten*
wir *haben* *gemahlen*	ihr *habt* *gemahlen*	sie *haben* *gemahlen*
wir *hatten* *gemahlen*	ihr *hattet* *gemahlen*	sie *hatten* *gemahlen*
wir *werden* mahl*en*	ihr *werdet* mahl*en*	sie *werden* mahl*en*
wir *werden* *gemahlen* *haben*	ihr *werdet* *gemahlen* *haben*	sie *werden* *gemahlen* *haben*
wir mahl*en*	ihr mahl*et*	sie mahl*en*
wir mahl*ten*	ihr mahl*tet*	sie mahl*ten*
wir *haben* *gemahlen*	ihr *habet* *gemahlen*	sie *haben* *gemahlen*
wir *hätten* *gemahlen*	ihr *hättet* *gemahlen*	sie *hätten* *gemahlen*
wir *werden* mahl*en*	ihr *werdet* mahl*en*	sie *werden* mahl*en*
wir *würden* mahl*en*	ihr *würdet* mahl*en*	sie *würden* mahl*en*
wir *werden* *gemahlen* *haben*	ihr *werdet* *gemahlen* *haben*	sie *werden* *gemahlen* *haben*
wir *würden* *gemahlen* *haben*	ihr *würdet* *gemahlen* *haben*	sie *würden* *gemahlen* *haben*
-	mahl*t*	-

9. Studieren

Mod.	Zeit	1. Person Singular	2. Person Singular	3. Person Singular
Ind.	Präs.	ich studiere	du studierst	er studiert
	Prät.	ich studierte	du studiertest	er studierte
	Perf.	ich *habe* **studiert**	du *hast* **studiert**	er *hat* **studiert**
	Plus.	ich *hatte* **studiert**	du *hattest* **studiert**	er *hatte* **studiert**
	Fut. I	ich *werde* studieren	du *wirst* studieren	er *wird* studieren
	Fut. II	ich *werde* **studiert** *haben*	du *wirst* **studiert** *haben*	er *wird* **studiert** *haben*
Konj.	I Präs.	ich studiere	du studierest	er studiere
	II Prät.	ich studierte	du studiertest	er studierte
	I Perf.	ich *habe* **studiert**	du *habest* **studiert**	er *habe* **studiert**
	II Plus.	ich *hätte* **studiert**	du *hättest* **studiert**	er *hätte* **studiert**
	I Fut. I	ich *werde* studieren	du *werdest* studieren	er *werde* studieren
	II Fut. I	ich *würde* studieren	du *würdest* studieren	er *würde* studieren
	I Fut.II	ich *werde* **studiert** *haben*	du *werdest* **studiert** *haben*	er *werde* **studiert** *haben*
	II Fut.II	ich *würde* **studiert** *haben*	du *würdest* **studiert** *haben*	er *würde* **studiert** *haben*
Imp.		-	studiere	-
Inf.	Präs.	studieren		
	Perf.	**studiert** *haben*		
	Fut.I	studieren *werden*		
	Fut.II	**studiert** *haben* *werden*		
Part.	Präs.	studierend		
	Perf.	**studiert**		

Die Vorsilbe ge- des Partizips entfällt. Dies gilt vor allem für die Verben auf -ieren und für Verben mit den einfachen Zeiten nicht - wie auf Seite 26 dargestellt - abgetrennt werden (ich **be**ende, ich habe

1. Person Plural	2. Person Plural	3. Person Plural
wir studier*en*	ihr studier*t*	sie studier*en*
wir studier*ten*	ihr studier*tet*	sie studier*ten*
wir *haben* **studiert**	ihr *habt* **studiert**	sie *haben* **studiert**
wir *hatten* **studiert**	ihr *hattet* **studiert**	sie *hatten* **studiert**
wir *werden* studier*en*	ihr *werdet* studier*en*	sie *werden* studier*en*
wir *werden* **studiert** *haben*	ihr *werdet* **studiert** *haben*	sie *werden* **studiert** *haben*
wir studier*en*	ihr studier*et*	sie studier*en*
wir studier*ten*	ihr studier*tet*	sie studier*ten*
wir *haben* **studiert**	ihr *habet* **studiert**	sie *haben* **studiert**
wir *hätten* **studiert**	ihr *hättet* **studiert**	sie *hätten* **studiert**
wir *werden* studier*en*	ihr *werdet* studier*en*	sie *werden* studier*en*
wir *würden* studier*en*	ihr *würdet* studier*en*	sie *würden* studier*en*
wir *werden* **studiert** *haben*	ihr *werdet* **studiert** *haben*	sie *werden* **studiert** *haben*
wir *würden* **studiert** *haben*	ihr *würdet* **studiert** *haben*	sie *würden* **studiert** *haben*
-	studier*t*	-

den Vorsilben be-, durch-, em-, ent-, er-, ge-, und ver-. Es ist zu beachten, dass diese in **be**endet).

10. Fangen

Mod.	Zeit	1. Person Singular			2. Person Singular			3. Person Singular		
Ind.	Präs.	ich	fange		du	fängst		er	fängt	
	Prät.	ich	fing		du	fingst		er	fing	
	Perf.	ich *habe*	gefangen		du *hast*	gefangen		er *hat*	gefangen	
	Plus.	ich *hatte*	gefangen		du *hattest*	gefangen		er *hatte*	gefangen	
	Fut. I	ich *werde*	fangen		du *wirst*	fangen		er *wird*	fangen	
	Fut. II	ich *werde*	gefangen	*haben*	du *wirst*	gefangen	*haben*	er *wird*	gefangen	*haben*
Konj.	I Präs.	ich	fange		du	fangest		er	fange	
	II Prät.	ich	finge		du	fingest		er	finge	
	I Perf.	ich *habe*	gefangen		du *habest*	gefangen		er *habe*	gefangen	
	II Plus.	ich *hätte*	gefangen		du *hättest*	gefangen		er *hätte*	gefangen	
	I Fut. I	ich *werde*	fangen		du *werdest*	fangen		er *werde*	fangen	
	II Fut. I	ich *würde*	fangen		du *würdest*	fangen		er *würde*	fangen	
	I Fut.II	ich *werde*	gefangen	*haben*	du *werdest*	gefangen	*haben*	er *werde*	gefangen	*haben*
	II Fut.II	ich *würde*	gefangen	*haben*	du *würdest*	gefangen	*haben*	er *würde*	gefangen	*haben*
Imp.			-			fange			-	

Mod.	Zeit			
Inf.	Präs.	fangen		
	Perf.	gefangen	*haben*	
	Fut.I	fangen	*werden*	
	Fut.II	gefangen	*haben*	*werden*
Part.	Präs.	fangend		
	Perf.	gefangen		

Ebenso konjugiert werden die Zusammensetzungen von fangen.

1. Person Plural			2. Person Plural			3. Person Plural		
wir	fangen		ihr	fangt		sie	fangen	
wir	**fingen**		ihr	**fingt**		sie	**fingen**	
wir *haben*	gefangen		ihr *habt*	gefangen		sie *haben*	gefangen	
wir *hatten*	gefangen		ihr *hattet*	gefangen		sie *hatten*	gefangen	
wir *werden*	fangen		ihr *werdet*	fangen		sie *werden*	fangen	
wir *werden*	gefangen	*haben*	ihr *werdet*	gefangen	*haben*	sie *werden*	gefangen	*haben*
wir	fangen		ihr	fanget		sie	fangen	
wir	**fingen**		ihr	**finget**		sie	**fingen**	
wir *haben*	gefangen		ihr *habet*	gefangen		sie *haben*	gefangen	
wir *hätten*	gefangen		ihr *hättet*	gefangen		sie *hätten*	gefangen	
wir *werden*	fangen		ihr *werdet*	fangen		sie *werden*	fangen	
wir *würden*	fangen		ihr *würdet*	fangen		sie *würden*	fangen	
wir *werden*	gefangen	*haben*	ihr *werdet*	gefangen	*haben*	sie *werden*	gefangen	*haben*
wir *würden*	gefangen	*haben*	ihr *würdet*	gefangen	*haben*	sie *würden*	gefangen	*haben*
-			fangt			-		

11. Schlafen

Mod.	Zeit	1. Person Singular	2. Person Singular	3. Person Singular
Ind.	Präs.	ich schlafe	du schläfst	er schläft
	Prät.	ich schlief	du schliefst	er schlief
	Perf.	ich *habe* geschlafen	du *hast* geschlafen	er *hat* geschlafen
	Plus.	ich *hatte* geschlafen	du *hattest* geschlafen	er *hatte* geschlafen
	Fut. I	ich *werde* schlafen	du *wirst* schlafen	er *wird* schlafen
	Fut. II	ich *werde* geschlafen *haben*	du *wirst* geschlafen *haben*	er *wird* geschlafen *haben*
Konj.	I Präs.	ich schlafe	du schlafest	er schlafe
	II Prät.	ich schliefe	du schliefest	er schliefe
	I Perf.	ich *habe* geschlafen	du *habest* geschlafen	er *habe* geschlafen
	II Plus.	ich *hätte* geschlafen	du *hättest* geschlafen	er *hätte* geschlafen
	I Fut. I	ich *werde* schlafen	du *werdest* schlafen	er *werde* schlafen
	II Fut. I	ich *würde* schlafen	du *würdest* schlafen	er *würde* schlafen
	I Fut.II	ich *werde* geschlafen *haben*	du *werdest* geschlafen *haben*	er *werde* geschlafen *haben*
	II Fut.II	ich *würde* geschlafen *haben*	du *würdest* geschlafen *haben*	er *würde* geschlafen *haben*
Imp.		-	schlafe	-
Inf.	Präs.	schlafen		
	Perf.	geschlafen *haben*		
	Fut.I	schlafen *werden*		
	Fut.II	geschlafen *haben werden*		
Part.	Präs.	schlafend		
	Perf.	geschlafen		

Ebenso konjugiert werden blasen, braten, halten, raten und ihre Zusammensetzungen sowie die Zu stamm auf -s endet, das -st der Endung in der 2. Person Singular im Indikativ Präsens auf -t verkürzt Verbstamm auf -t endet, wird vor allen Endungen, die mit -t oder -s beginnen und die nicht unregelmä setzungen.

| schl**a**f*en* - schl**ä**f*st* - schl**ie**f - schlaf*e* - schl**ie**f*e* - *geschlafen*

1. Person Plural		2. Person Plural		3. Person Plural	
wir	schlaf*en*	ihr	schlaf*t*	sie	schlaf*en*
wir	**schliefen**	ihr	**schlieft**	sie	**schliefen**
wir *haben*	*geschlafen*	ihr *habt*	*geschlafen*	sie *haben*	*geschlafen*
wir *hatten*	*geschlafen*	ihr *hattet*	*geschlafen*	sie *hatten*	*geschlafen*
wir *werden*	schlafen	ihr *werdet*	schlafen	sie *werden*	schlafen
wir *werden*	*geschlafen haben*	ihr *werdet*	*geschlafen haben*	sie *werden*	*geschlafen haben*
wir	schlaf*en*	ihr	schlaf*et*	sie	schlaf*en*
wir	**schliefen**	ihr	**schliefet**	sie	**schliefen**
wir *haben*	*geschlafen*	ihr *habet*	*geschlafen*	sie *haben*	*geschlafen*
wir *hätten*	*geschlafen*	ihr *hättet*	*geschlafen*	sie *hätten*	*geschlafen*
wir *werden*	schlafen	ihr *werdet*	schlafen	sie *werden*	schlafen
wir *würden*	schlafen	ihr *würdet*	schlafen	sie *würden*	schlafen
wir *werden*	*geschlafen haben*	ihr *werdet*	*geschlafen haben*	sie *werden*	*geschlafen haben*
wir *würden*	*geschlafen haben*	ihr *würdet*	*geschlafen haben*	sie *würden*	*geschlafen haben*
-		schlaf*t*		-	

sammensetzungen von schlafen. Es ist zu beachten, dass bei allen Verben, deren Verb-
wird. Dies gilt für blasen und seine Zusammensetzungen (du bläs*t*). Bei den Verben, deren
ßig sind, -e eingefügt (ihr halt*et*). Dies gilt für braten, halten und raten und ihre Zusammen-

blasen, braten, halten, raten, schlafen

12. Fallen

Mod.	Zeit	1. Person Singular	2. Person Singular	3. Person Singular
Ind.	Präs.	ich falle	du fällst	er fällt
	Prät.	ich fiel	du fielst	er fiel
	Perf.	ich bin gefallen	du bist gefallen	er ist gefallen
	Plus.	ich war gefallen	du warst gefallen	er war gefallen
	Fut. I	ich werde fallen	du wirst fallen	er wird fallen
	Fut. II	ich werde gefallen sein	du wirst gefallen sein	er wird gefallen sein
Konj.	I Präs.	ich falle	du fallest	er falle
	II Prät.	ich fiele	du fielest	er fiele
	I Perf.	ich sei gefallen	du sei(e)st gefallen	er sei gefallen
	II Plus.	ich wäre gefallen	du wär(e)st gefallen	er wäre gefallen
	I Fut. I	ich werde fallen	du werdest fallen	er werde fallen
	II Fut. I	ich würde fallen	du würdest fallen	er würde fallen
	I Fut.II	ich werde gefallen sein	du werdest gefallen sein	er werde gefallen sein
	II Fut.II	ich würde gefallen sein	du würdest gefallen sein	er würde gefallen sein
Imp.		-	falle	-
Inf.	Präs.	fallen		
	Perf.	gefallen sein		
	Fut.I	fallen werden		
	Fut.II	gefallen sein werden		
Part.	Präs.	fallend		
	Perf.	gefallen		

Ebenso konjugiert werden die Zusammensetzungen von fallen.

1. Person Plural			2. Person Plural			3. Person Plural		
wir	fallen		ihr	fallt		sie	fallen	
wir	fielen		ihr	fielt		sie	fielen	
wir sind	gefallen		ihr seid	gefallen		sie sind	gefallen	
wir waren	gefallen		ihr wart	gefallen		sie waren	gefallen	
wir werden	fallen		ihr werdet	fallen		sie werden	fallen	
wir werden	gefallen	sein	ihr werdet	gefallen	sein	sie werden	gefallen	sein
wir	fallen		ihr	fallet		sie	fallen	
wir	fielen		ihr	fielet		sie	fielen	
wir seien	gefallen		ihr seiet	gefallen		sie seien	gefallen	
wir wären	gefallen		ihr wär(e)t	gefallen		sie wären	gefallen	
wir werden	fallen		ihr werdet	fallen		sie werden	fallen	
wir würden	fallen		ihr würdet	fallen		sie würden	fallen	
wir werden	gefallen	sein	ihr werdet	gefallen	sein	sie werden	gefallen	sein
wir würden	gefallen	sein	ihr würdet	gefallen	sein	sie würden	gefallen	sein
-			fallt			-		

13. Lassen

Mod.	Zeit	1. Person Singular			2. Person Singular			3. Person Singular		
Ind.	Präs.	ich	lasse		du	lässt		er	lässt	
	Prät.	ich	ließ		du	ließest		er	ließ	
	Perf.	ich *habe*	gelassen		du *hast*	gelassen		er *hat*	gelassen	
	Plus.	ich *hatte*	gelassen		du *hattest*	gelassen		er *hatte*	gelassen	
	Fut. I	ich *werde*	lassen		du *wirst*	lassen		er *wird*	lassen	
	Fut. II	ich *werde*	gelassen	*haben*	du *wirst*	gelassen	*haben*	er *wird*	gelassen	*haben*
Konj.	I Präs.	ich	lasse		du	lassest		er	lasse	
	II Prät.	ich	ließe		du	ließest		er	ließe	
	I Perf.	ich *habe*	gelassen		du *habest*	gelassen		er *habe*	gelassen	
	II Plus.	ich *hätte*	gelassen		du *hättest*	gelassen		er *hätte*	gelassen	
	I Fut. I	ich *werde*	lassen		du *werdest*	lassen		er *werde*	lassen	
	II Fut. I	ich *würde*	lassen		du *würdest*	lassen		er *würde*	lassen	
	I Fut.II	ich *werde*	gelassen	*haben*	du *werdest*	gelassen	*haben*	er *werde*	gelassen	*haben*
	II Fut.II	ich *würde*	gelassen	*haben*	du *würdest*	gelassen	*haben*	er *würde*	gelassen	*haben*
Imp.			-			lass*(e)*			-	
Inf.	Präs.		lassen							
	Perf.		gelassen	*haben*						
	Fut.I		lassen	*werden*						
	Fut.II		gelassen	*haben*	*werden*					
Part.	Präs.		lassend							
	Perf.		gelassen							

Ebenso konjugiert werden die Zusammensetzungen von lassen. Es ist zu beachten, dass bei allen Ver kativ Präsens auf -t verkürzt wird.

1. Person Plural			2. Person Plural			3. Person Plural		
wir	lassen		ihr	lasst		sie	lassen	
wir	ließen		ihr	ließt		sie	ließen	
wir *haben*	gelassen		ihr *habt*	gelassen		sie *haben*	gelassen	
wir *hatten*	gelassen		ihr *hattet*	gelassen		sie *hatten*	gelassen	
wir *werden*	lassen		ihr *werdet*	lassen		sie *werden*	lassen	
wir *werden*	gelassen	*haben*	ihr *werdet*	gelassen	*haben*	sie *werden*	gelassen	*haben*
wir	lassen		ihr	lasset		sie	lassen	
wir	ließen		ihr	ließet		sie	ließen	
wir *haben*	gelassen		ihr *habet*	gelassen		sie *haben*	gelassen	
wir *hätten*	gelassen		ihr *hättet*	gelassen		sie *hätten*	gelassen	
wir *werden*	lassen		ihr *werdet*	lassen		sie *werden*	lassen	
wir *würden*	lassen		ihr *würdet*	lassen		sie *würden*	lassen	
wir *werden*	gelassen	*haben*	ihr *werdet*	gelassen	*haben*	sie *werden*	gelassen	*haben*
wir *würden*	gelassen	*haben*	ihr *würdet*	gelassen	*haben*	sie *würden*	gelassen	*haben*
	-			lasst			-	

ben, deren Verbstamm auf -s endet, das -st der Endung in der 2. Person Singular im Indi-

14. Schall*en*

Mod.	Zeit	1. Person Singular			2. Person Singular			3. Person Singular		
Ind.	Präs.	ich	schalle		du	schall*st*		er	schall*t*	
	Prät.	ich	**scholl**		du	**schollst**		er	**scholl**	
	Perf.	ich *habe*	*geschallt*		du *hast*	*geschallt*		er *hat*	*geschallt*	
	Plus.	ich *hatte*	*geschallt*		du *hattest*	*geschallt*		er *hatte*	*geschallt*	
	Fut. I	ich *werde*	schall*en*		du *wirst*	schall*en*		er *wird*	schall*en*	
	Fut. II	ich *werde*	*geschallt*	*haben*	du *wirst*	*geschallt*	*haben*	er *wird*	*geschallt*	*haben*
Konj.	I Präs.	ich	schalle		du	schall*est*		er	schalle	
	II Prät.	ich	**schölle**		du	**schöllest**		er	**schölle**	
	I Perf.	ich *habe*	*geschallt*		du *habest*	*geschallt*		er *habe*	*geschallt*	
	II Plus.	ich *hätte*	*geschallt*		du *hättest*	*geschallt*		er *hätte*	*geschallt*	
	I Fut. I	ich *werde*	schall*en*		du *werdest*	schall*en*		er *werde*	schall*en*	
	II Fut. I	ich *würde*	schall*en*		du *würdest*	schall*en*		er *würde*	schall*en*	
	I Fut.II	ich *werde*	*geschallt*	*haben*	du *werdest*	*geschallt*	*haben*	er *werde*	*geschallt*	*haben*
	II Fut.II	ich *würde*	*geschallt*	*haben*	du *würdest*	*geschallt*	*haben*	er *würde*	*geschallt*	*haben*
Imp.			-			schalle			-	

Mod.	Zeit			
Inf.	Präs.	schall*en*		
	Perf.	*geschallt*	*haben*	
	Fut.I	schall*en*	*werden*	
	Fut.II	*geschallt*	*haben*	*werden*
Part.	Präs.	schall*end*		
	Perf.	*geschallt*		

Ebenso konjugiert werden die Zusammensetzungen von schallen. Schallen bzw. seine Zusammenset

| sch**a**ll*en* - schallst - sch**o**ll - schalle - sch**ö**lle - *geschallt*

1. Person Plural			2. Person Plural			3. Person Plural		
wir	schall*en*		ihr	schall*t*		sie	schall*en*	
wir	**schollen**		ihr	**schollt**		sie	**schollen**	
wir *haben*	*geschallt*		ihr *habt*	*geschallt*		sie *haben*	*geschallt*	
wir *hatten*	*geschallt*		ihr *hattet*	*geschallt*		sie *hatten*	*geschallt*	
wir *werden*	schall*en*		ihr *werdet*	schall*en*		sie *werden*	schall*en*	
wir *werden*	*geschallt*	*haben*	ihr *werdet*	*geschallt*	*haben*	sie *werden*	*geschallt*	*haben*
wir	schall*en*		ihr	schall*et*		sie	schall*en*	
wir	**schöllen**		ihr	**schöllet**		sie	**schöllen**	
wir *haben*	*geschallt*		ihr *habet*	*geschallt*		sie *haben*	*geschallt*	
wir *hätten*	*geschallt*		ihr *hättet*	*geschallt*		sie *hätten*	*geschallt*	
wir *werden*	schall*en*		ihr *werdet*	schall*en*		sie *werden*	schall*en*	
wir *würden*	schall*en*		ihr *würdet*	schall*en*		sie *würden*	schall*en*	
wir *werden*	*geschallt*	*haben*	ihr *werdet*	*geschallt*	*haben*	sie *werden*	*geschallt*	*haben*
wir *würden*	*geschallt*	*haben*	ihr *würdet*	*geschallt*	*haben*	sie *würden*	*geschallt*	*haben*
	-			schall*t*			-	

zungen können auch regelmäßig konjugiert werden.

15. Tragen

Mod.	Zeit	1. Person Singular	2. Person Singular	3. Person Singular
Ind.	Präs.	ich trage	du trägst	er trägt
	Prät.	ich trug	du trugst	er trug
	Perf.	ich habe getragen	du hast getragen	er hat getragen
	Plus.	ich hatte getragen	du hattest getragen	er hatte getragen
	Fut. I	ich werde tragen	du wirst tragen	er wird tragen
	Fut. II	ich werde getragen haben	du wirst getragen haben	er wird getragen haben
Konj.	I Präs.	ich trage	du tragest	er trage
	II Prät.	ich trüge	du trügest	er trüge
	I Perf.	ich habe getragen	du habest getragen	er habe getragen
	II Plus.	ich hätte getragen	du hättest getragen	er hätte getragen
	I Fut. I	ich werde tragen	du werdest tragen	er werde tragen
	II Fut. I	ich würde tragen	du würdest tragen	er würde tragen
	I Fut.II	ich werde getragen haben	du werdest getragen haben	er werde getragen haben
	II Fut.II	ich würde getragen haben	du würdest getragen haben	er würde getragen haben
Imp.		-	trage	-
Inf.	Präs.	tragen		
	Perf.	getragen haben		
	Fut.I	tragen werden		
	Fut.II	getragen haben werden		
Part.	Präs.	tragend		
	Perf.	getragen		

Ebenso konjugiert werden fahren, graben, laden, schlagen, wachsen, waschen und ihre Zusammenset
ben, deren Verbstamm auf -s endet, das -st der Endung in der 2. Person Singular im Indikativ Präsens
Backen und seine Zusammensetzungen wandelt -ck im Indikativ Präteritum bzw. im Konjunktiv II Präte
deten Verbformen möglich (ich backte). In der Bedeutung kleben ist backen bzw. seine Zusammenset

1. Person Plural			2. Person Plural			3. Person Plural		
wir	tragen		ihr	tragt		sie	tragen	
wir	trugen		ihr	trugt		sie	trugen	
wir *haben*	getragen		ihr *habt*	getragen		sie *haben*	getragen	
wir *hatten*	getragen		ihr *hattet*	getragen		sie *hatten*	getragen	
wir *werden*	tragen		ihr *werdet*	tragen		sie *werden*	tragen	
wir *werden*	getragen	*haben*	ihr *werdet*	getragen	*haben*	sie *werden*	getragen	*haben*
wir	tragen		ihr	traget		sie	tragen	
wir	trügen		ihr	trüget		sie	trügen	
wir *haben*	getragen		ihr *habet*	getragen		sie *haben*	getragen	
wir *hätten*	getragen		ihr *hättet*	getragen		sie *hätten*	getragen	
wir *werden*	tragen		ihr *werdet*	tragen		sie *werden*	tragen	
wir *würden*	tragen		ihr *würdet*	tragen		sie *würden*	tragen	
wir *werden*	getragen	*haben*	ihr *werdet*	getragen	*haben*	sie *werden*	getragen	*haben*
wir *würden*	getragen	*haben*	ihr *würdet*	getragen	*haben*	sie *würden*	getragen	*haben*
-			tragt			-		

zungen sowie die Zusammensetzungen von tragen. Es ist zu beachten, dass bei allen Ver-
auf -t verkürzt wird. Dies gilt für wachsen und seine Zusammensetzungen (du wächs***t).***
ritum in -k um (er buk und er büke). Im Indikativ Präteritum sind auch die regelmäßig gebil-
zungen regelmäßig.

fahren, graben, laden, schlagen, tragen, wachsen, waschen

16. Schaffen

Mod.	Zeit	1. Person Singular		2. Person Singular		3. Person Singular	
Ind.	Präs.	ich	schaffe	du	schaffst	er	schafft
	Prät.	ich	**schuf**	du	**schufst**	er	**schuf**
	Perf.	ich *habe*	*geschaffen*	du *hast*	*geschaffen*	er *hat*	*geschaffen*
	Plus.	ich *hatte*	*geschaffen*	du *hattest*	*geschaffen*	er *hatte*	*geschaffen*
	Fut. I	ich *werde*	schaffen	du *wirst*	schaffen	er *wird*	schaffen
	Fut. II	ich *werde*	*geschaffen haben*	du *wirst*	*geschaffen haben*	er *wird*	*geschaffen haben*
Konj.	I Präs.	ich	schaffe	du	schaffest	er	schaffe
	II Prät.	ich	**schüfe**	du	**schüfest**	er	**schüfe**
	I Perf.	ich *habe*	*geschaffen*	du *habest*	*geschaffen*	er *habe*	*geschaffen*
	II Plus.	ich *hätte*	*geschaffen*	du *hättest*	*geschaffen*	er *hätte*	*geschaffen*
	I Fut. I	ich *werde*	schaffen	du *werdest*	schaffen	er *werde*	schaffen
	II Fut. I	ich *würde*	schaffen	du *würdest*	schaffen	er *würde*	schaffen
	I Fut.II	ich *werde*	*geschaffen haben*	du *werdest*	*geschaffen haben*	er *werde*	*geschaffen haben*
	II Fut.II	ich *würde*	*geschaffen haben*	du *würdest*	*geschaffen haben*	er *würde*	*geschaffen haben*
Imp.		-		schaffe		-	

Mod.	Zeit	
Inf.	Präs.	schaffen
	Perf.	*geschaffen haben*
	Fut.I	schaffen *werden*
	Fut.II	*geschaffen haben werden*
Part.	Präs.	schaffend
	Perf.	*geschaffen*

Ebenso konjugiert wird erschaffen. In der Bedeutung vollbringen, arbeiten wird schaffen regelmäßig in der Bedeutung vollbringen, arbeiten verwendet werden, regelmäßig konjugiert werden.

1. Person Plural		2. Person Plural		3. Person Plural	
wir	schaff*en*	ihr	schaff*t*	sie	schaff*en*
wir	**schufen**	ihr	**schuft**	sie	**schufen**
wir *haben*	*geschaffen*	ihr *habt*	*geschaffen*	sie *haben*	*geschaffen*
wir *hatten*	*geschaffen*	ihr *hattet*	*geschaffen*	sie *hatten*	*geschaffen*
wir *werden*	schaffen	ihr *werdet*	schaffen	sie *werden*	schaffen
wir *werden*	*geschaffen* *haben*	ihr *werdet*	*geschaffen* *haben*	sie *werden*	*geschaffen* *haben*
wir	schaff*en*	ihr	schaff*et*	sie	schaff*en*
wir	**schüfen**	ihr	**schüfet**	sie	**schüfen**
wir *haben*	*geschaffen*	ihr *habet*	*geschaffen*	sie *haben*	*geschaffen*
wir *hätten*	*geschaffen*	ihr *hättet*	*geschaffen*	sie *hätten*	*geschaffen*
wir *werden*	schaffen	ihr *werdet*	schaffen	sie *werden*	schaffen
wir *würden*	schaffen	ihr *würdet*	schaffen	sie *würden*	schaffen
wir *werden*	*geschaffen* *haben*	ihr *werdet*	*geschaffen* *haben*	sie *werden*	*geschaffen* *haben*
wir *würden*	*geschaffen* *haben*	ihr *würdet*	*geschaffen* *haben*	sie *würden*	*geschaffen* *haben*
-		schaff*t*		-	

konjugiert. Es ist zu beachten, dass auch die Zusammensetzungen von schaffen, wenn sie

schaffen

17. Laufen

Mod.	Zeit	1. Person Singular		2. Person Singular		3. Person Singular	
Ind.	Präs.	ich	laufe	du	läufst	er	läuft
	Prät.	ich	lief	du	liefst	er	lief
	Perf.	ich bin	gelaufen	du bist	gelaufen	er ist	gelaufen
	Plus.	ich war	gelaufen	du warst	gelaufen	er war	gelaufen
	Fut. I	ich werde	laufen	du wirst	laufen	er wird	laufen
	Fut. II	ich werde	gelaufen sein	du wirst	gelaufen sein	er wird	gelaufen sein
Konj.	I Präs.	ich	laufe	du	laufest	er	laufe
	II Prät.	ich	liefe	du	liefest	er	liefe
	I Perf.	ich sei	gelaufen	du sei(e)st	gelaufen	er sei	gelaufen
	II Plus.	ich wäre	gelaufen	du wär(e)st	gelaufen	er wäre	gelaufen
	I Fut. I	ich werde	laufen	du werdest	laufen	er werde	laufen
	II Fut. I	ich würde	laufen	du würdest	laufen	er würde	laufen
	I Fut.II	ich werde	gelaufen sein	du werdest	gelaufen sein	er werde	gelaufen sein
	II Fut.II	ich würde	gelaufen sein	du würdest	gelaufen sein	er würde	gelaufen sein
Imp.		-		laufe		-	
Inf.	Präs.		laufen				
	Perf.		gelaufen sein				
	Fut.I		laufen werden				
	Fut.II		gelaufen sein werden				
Part.	Präs.		laufend				
	Perf.		gelaufen				

Ebenso konjugiert werden die Zusammensetzungen von laufen.

1. Person Plural			2. Person Plural			3. Person Plural		
wir	laufen		ihr	lauft		sie	laufen	
wir	**liefen**		ihr	**lieft**		sie	**liefen**	
wir *sind*	gelaufen		ihr *seid*	gelaufen		sie *sind*	gelaufen	
wir *waren*	gelaufen		ihr *wart*	gelaufen		sie *waren*	gelaufen	
wir *werden*	laufen		ihr *werdet*	laufen		sie *werden*	laufen	
wir *werden*	gelaufen	*sein*	ihr *werdet*	gelaufen	*sein*	sie *werden*	gelaufen	*sein*
wir	laufen		ihr	laufet		sie	laufen	
wir	**liefen**		ihr	**liefet**		sie	**liefen**	
wir *seien*	gelaufen		ihr *seiet*	gelaufen		sie *seien*	gelaufen	
wir *wären*	gelaufen		ihr *wär(e)t*	gelaufen		sie *wären*	gelaufen	
wir *werden*	laufen		ihr *werdet*	laufen		sie *werden*	laufen	
wir *würden*	laufen		ihr *würdet*	laufen		sie *würden*	laufen	
wir *werden*	gelaufen	*sein*	ihr *werdet*	gelaufen	*sein*	sie *werden*	gelaufen	*sein*
wir *würden*	gelaufen	*sein*	ihr *würdet*	gelaufen	*sein*	sie *würden*	gelaufen	*sein*
-			lauft			-		

18. Hauen

Mod.	Zeit	1. Person Singular			2. Person Singular			3. Person Singular		
Ind.	Präs.	ich	haue		du	haust		er	haut	
	Prät.	ich ich	haute hieb		du du	hautest hiebst		er er	haute hieb	
	Perf.	ich *habe*	*gehauen*		du *hast*	*gehauen*		er *hat*	*gehauen*	
	Plus.	ich *hatte*	*gehauen*		du *hattest*	*gehauen*		er *hatte*	*gehauen*	
	Fut. I	ich *werde*	hauen		du *wirst*	hauen		er *wird*	hauen	
	Fut. II	ich *werde*	*gehauen*	*haben*	du *wirst*	*gehauen*	*haben*	er *wird*	*gehauen*	*haben*
Konj.	I Präs.	ich	haue		du	hauest		er	haue	
	II Prät.	ich ich	haute hiebe		du du	hautest hiebest		er er	haute hiebe	
	I Perf.	ich *habe*	*gehauen*		du *habest*	*gehauen*		er *habe*	*gehauen*	
	II Plus.	ich *hätte*	*gehauen*		du *hättest*	*gehauen*		er *hätte*	*gehauen*	
	I Fut. I	ich *werde*	hauen		du *werdest*	hauen		er *werde*	hauen	
	II Fut. I	ich *würde*	hauen		du *würdest*	hauen		er *würde*	hauen	
	I Fut.II	ich *werde*	*gehauen*	*haben*	du *werdest*	*gehauen*	*haben*	er *werde*	*gehauen*	*haben*
	II Fut.II	ich *würde*	*gehauen*	*haben*	du *würdest*	*gehauen*	*haben*	er *würde*	*gehauen*	*haben*
Imp.			-			haue			-	
Inf.	Präs.		hauen							
	Perf.		*gehauen*	*haben*						
	Fut.I		hauen	*werden*						
	Fut.II		*gehauen*	*haben* *werden*						
Part.	Präs.		hauend							
	Perf.		*gehauen*							

In der Bedeutung von schlagen wird hauen und seine Zusammensetzungen im Indikativ und Konjunktiv den die Formen hieb etc. verwendet. Abhauen wird in der Bedeutung weglaufen ebenfalls regelmäßig

1. Person Plural			2. Person Plural			3. Person Plural		
wir	hau*en*		ihr	hau*t*		sie	hau*en*	
wir wir	hau*ten* **hieben**		ihr ihr	hau*tet* **hiebt**		sie sie	hau*ten* **hieben**	
wir *haben*	*gehauen*		ihr *habt*	*gehauen*		sie *haben*	*gehauen*	
wir *hatten*	*gehauen*		ihr *hattet*	*gehauen*		sie *hatten*	*gehauen*	
wir *werden*	hauen		ihr *werdet*	hauen		sie *werden*	hauen	
wir *werden*	*gehauen*	*haben*	ihr *werdet*	*gehauen*	*haben*	sie *werden*	*gehauen*	*haben*
wir	hau*en*		ihr	hau*et*		sie	hau*en*	
wir wir	hau*ten* **hieben**		ihr ihr	hau*tet* **hiebet**		sie sie	hau*ten* **hieben**	
wir *haben*	*gehauen*		ihr *habet*	*gehauen*		sie *haben*	*gehauen*	
wir *hätten*	*gehauen*		ihr *hättet*	*gehauen*		sie *hätten*	*gehauen*	
wir *werden*	hauen		ihr *werdet*	hauen		sie *werden*	hauen	
wir *würden*	hauen		ihr *würdet*	hauen		sie *würden*	hauen	
wir *werden*	*gehauen*	*haben*	ihr *werdet*	*gehauen*	*haben*	sie *werden*	*gehauen*	*haben*
wir *würden*	*gehauen*	*haben*	ihr *würdet*	*gehauen*	*haben*	sie *würden*	*gehauen*	*haben*
-			hau*t*			-		

Präteritum regelmäßig konjugiert. Im Sinne von mit einer Waffe schlagen, verwunden wer-
konjugiert.

hauen

19. Saugen

Mod.	Zeit	1. Person Singular	2. Person Singular	3. Person Singular
Ind.	Präs.	ich sauge	du saugst	er saugt
	Prät.	ich sog	du sogst	er sog
	Perf.	ich habe gesogen	du hast gesogen	er hat gesogen
	Plus.	ich hatte gesogen	du hattest gesogen	er hatte gesogen
	Fut. I	ich werde saugen	du wirst saugen	er wird saugen
	Fut. II	ich werde gesogen haben	du wirst gesogen haben	er wird gesogen haben
Konj.	I Präs.	ich sauge	du saugest	er sauge
	II Prät.	ich söge	du sögest	er söge
	I Perf.	ich habe gesogen	du habest gesogen	er habe gesogen
	II Plus.	ich hätte gesogen	du hättest gesogen	er hätte gesogen
	I Fut. I	ich werde saugen	du werdest saugen	er werde saugen
	II Fut. I	ich würde saugen	du würdest saugen	er würde saugen
	I Fut.II	ich werde gesogen haben	du werdest gesogen haben	er werde gesogen haben
	II Fut.II	ich würde gesogen haben	du würdest gesogen haben	er würde gesogen haben
Imp.		-	sauge	-
Inf.	Präs.	saugen		
	Perf.	gesogen haben		
	Fut.I	saugen werden		
	Fut.II	gesogen haben werden		
Part.	Präs.	saugend		
	Perf.	gesogen		

Ebenso konjugiert werden die Zusammensetzungen von saugen. Saugen kann, besonders in der Spra
werden heute meist regelmäßig konjugiert.

1. Person Plural			2. Person Plural			3. Person Plural		
wir	saugen		ihr	saugt		sie	saugen	
wir	sogen		ihr	sogt		sie	sogen	
wir *haben*	gesogen		ihr *habt*	gesogen		sie *haben*	gesogen	
wir *hatten*	gesogen		ihr *hattet*	gesogen		sie *hatten*	gesogen	
wir *werden*	saugen		ihr *werdet*	saugen		sie *werden*	saugen	
wir *werden*	gesogen	*haben*	ihr *werdet*	gesogen	*haben*	sie *werden*	gesogen	*haben*
wir	saugen		ihr	sauget		sie	saugen	
wir	sögen		ihr	söget		sie	sögen	
wir *haben*	gesogen		ihr *habet*	gesogen		sie *haben*	gesogen	
wir *hätten*	gesogen		ihr *hättet*	gesogen		sie *hätten*	gesogen	
wir *werden*	saugen		ihr *werdet*	saugen		sie *werden*	saugen	
wir *würden*	saugen		ihr *würdet*	saugen		sie *würden*	saugen	
wir *werden*	gesogen	*haben*	ihr *werdet*	gesogen	*haben*	sie *werden*	gesogen	*haben*
wir *würden*	gesogen	*haben*	ihr *würdet*	gesogen	*haben*	sie *würden*	gesogen	*haben*
-			saugt			-		

che der Technik, auch regelmäßig konjugiert werden. Die Zusammensetzungen von saugen

saugen

20. Saufen

Mod.	Zeit	1. Person Singular			2. Person Singular			3. Person Singular		
Ind.	Präs.	ich	saufe		du	säufst		er	säuft	
	Prät.	ich	soff		du	soffst		er	soff	
	Perf.	ich *habe*	gesoffen		du *hast*	gesoffen		er *hat*	gesoffen	
	Plus.	ich *hatte*	gesoffen		du *hattest*	gesoffen		er *hatte*	gesoffen	
	Fut. I	ich *werde*	saufen		du *wirst*	saufen		er *wird*	saufen	
	Fut. II	ich *werde*	gesoffen	*haben*	du *wirst*	gesoffen	*haben*	er *wird*	gesoffen	*haben*
Konj.	I Präs.	ich	saufe		du	saufest		er	saufe	
	II Prät.	ich	söffe		du	söffest		er	söffe	
	I Perf.	ich *habe*	gesoffen		du *habest*	gesoffen		er *habe*	gesoffen	
	II Plus.	ich *hätte*	gesoffen		du *hättest*	gesoffen		er *hätte*	gesoffen	
	I Fut. I	ich *werde*	saufen		du *werdest*	saufen		er *werde*	saufen	
	II Fut. I	ich *würde*	saufen		du *würdest*	saufen		er *würde*	saufen	
	I Fut.II	ich *werde*	gesoffen	*haben*	du *werdest*	gesoffen	*haben*	er *werde*	gesoffen	*haben*
	II Fut.II	ich *würde*	gesoffen	*haben*	du *würdest*	gesoffen	*haben*	er *würde*	gesoffen	*haben*
Imp.			-			saufe			-	
Inf.	Präs.		saufen							
	Perf.		gesoffen	*haben*						
	Fut.I		saufen	*werden*						
	Fut.II		gesoffen	*haben*	*werden*					
Part.	Präs.		saufend							
	Perf.		gesoffen							

Ebenso konjugiert werden die Zusammensetzungen von saufen.

1. Person Plural			2. Person Plural			3. Person Plural		
wir	saufen		ihr	sauft		sie	saufen	
wir	**soffen**		ihr	**sofft**		sie	**soffen**	
wir *haben*	*gesoffen*		ihr *habt*	*gesoffen*		sie *haben*	*gesoffen*	
wir *hatten*	*gesoffen*		ihr *hattet*	*gesoffen*		sie *hatten*	*gesoffen*	
wir *werden*	saufen		ihr *werdet*	saufen		sie *werden*	saufen	
wir *werden*	*gesoffen*	*haben*	ihr *werdet*	*gesoffen*	*haben*	sie *werden*	*gesoffen*	*haben*
wir	saufen		ihr	saufet		sie	saufen	
wir	**söffen**		ihr	**söffet**		sie	**söffen**	
wir *haben*	*gesoffen*		ihr *habet*	*gesoffen*		sie *haben*	*gesoffen*	
wir *hätten*	*gesoffen*		ihr *hättet*	*gesoffen*		sie *hätten*	*gesoffen*	
wir *werden*	saufen		ihr *werdet*	saufen		sie *werden*	saufen	
wir *würden*	saufen		ihr *würdet*	saufen		sie *würden*	saufen	
wir *werden*	*gesoffen*	*haben*	ihr *werdet*	*gesoffen*	*haben*	sie *werden*	*gesoffen*	*haben*
wir *würden*	*gesoffen*	*haben*	ihr *würdet*	*gesoffen*	*haben*	sie *würden*	*gesoffen*	*haben*
-			sauft			-		

21. Gebären

Mod.	Zeit	1. Person Singular			2. Person Singular			3. Person Singular		
Ind.	Präs.	ich	gebäre		du	gebärst, gebierst		er	gebärt, gebiert	
	Prät.	ich	gebar		du	gebarst		er	gebar	
	Perf.	ich *habe*	geboren		du *hast*	geboren		er *hat*	geboren	
	Plus.	ich *hatte*	geboren		du *hattest*	geboren		er *hatte*	geboren	
	Fut. I	ich *werde*	gebären		du *wirst*	gebären		er *wird*	gebären	
	Fut. II	ich *werde*	geboren	*haben*	du *wirst*	geboren	*haben*	er *wird*	geboren	*haben*
Konj.	I Präs.	ich	gebäre		du	gebärest		er	gebäre	
	II Prät.	ich	gebäre		du	gebärest		er	gebäre	
	I Perf.	ich *habe*	geboren		du *habest*	geboren		er *habe*	geboren	
	II Plus.	ich *hätte*	geboren		du *hättest*	geboren		er *hätte*	geboren	
	I Fut. I	ich *werde*	gebären		du *werdest*	gebären		er *werde*	gebären	
	II Fut. I	ich *würde*	gebären		du *würdest*	gebären		er *würde*	gebären	
	I Fut.II	ich *werde*	geboren	*haben*	du *werdest*	geboren	*haben*	er *werde*	geboren	*haben*
	II Fut.II	ich *würde*	geboren	*haben*	du *würdest*	geboren	*haben*	er *würde*	geboren	*haben*
Imp.			-			gebäre			-	
Inf.	Präs.		gebären							
	Perf.		geboren	*haben*						
	Fut.I		gebären	*werden*						
	Fut.II		geboren	*haben werden*						
Part.	Präs.		gebärend							
	Perf.		geboren							

Im Indikativ Präsens der 2. und 3. Person Singular sind die regelmäßigen Formen gebräuchlicher. Als

| **gebären - gebärst, gebierst - gebar - gebäre- gebäre - geboren**

1. Person Plural			2. Person Plural			3. Person Plural		
wir	gebären		ihr	gebärt		sie	gebären	
wir	**gebaren**		ihr	**gebart**		sie	**gebaren**	
wir *haben*	geboren		ihr *habt*	geboren		sie *haben*	geboren	
wir *hatten*	geboren		ihr *hattet*	geboren		sie *hatten*	geboren	
wir *werden*	gebären		ihr *werdet*	gebären		sie *werden*	gebären	
wir *werden*	geboren	*haben*	ihr *werdet*	geboren	*haben*	sie *werden*	geboren	*haben*
wir	gebären		ihr	gebäret		sie	gebären	
wir	**gebären**		ihr	**gebäret**		sie	**gebären**	
wir *haben*	geboren		ihr *habet*	geboren		sie *haben*	geboren	
wir *hätten*	geboren		ihr *hättet*	geboren		sie *hätten*	geboren	
wir *werden*	gebären		ihr *werdet*	gebären		sie *werden*	gebären	
wir *würden*	gebären		ihr *würdet*	gebären		sie *würden*	gebären	
wir *werden*	geboren	*haben*	ihr *werdet*	geboren	*haben*	sie *werden*	geboren	*haben*
wir *würden*	geboren	*haben*	ihr *würdet*	geboren	*haben*	sie *würden*	geboren	*haben*
-			gebärt			-		

intransitives Verb gebraucht, wird gebären mit sein konjugiert (ich **bin** in Berlin geboren).

gebären

22. Hängen

Mod.	Zeit	1. Person Singular		2. Person Singular		3. Person Singular	
Ind.	Präs.	ich	hänge	du	hängst	er	hängt
	Prät.	ich	hing	du	hingst	er	hing
	Perf.	ich *habe*	gehangen	du *hast*	gehangen	er *hat*	gehangen
	Plus.	ich *hatte*	gehangen	du *hattest*	gehangen	er *hatte*	gehangen
	Fut. I	ich *werde*	hängen	du *wirst*	hängen	er *wird*	hängen
	Fut. II	ich *werde*	gehangen *haben*	du *wirst*	gehangen *haben*	er *wird*	gehangen *haben*
Konj.	I Präs.	ich	hänge	du	hängest	er	hänge
	II Prät.	ich	hinge	du	hingest	er	hinge
	I Perf.	ich *habe*	gehangen	du *habest*	gehangen	er *habe*	gehangen
	II Plus.	ich *hätte*	gehangen	du *hättest*	gehangen	er *hätte*	gehangen
	I Fut. I	ich *werde*	hängen	du *werdest*	hängen	er *werde*	hängen
	II Fut. I	ich *würde*	hängen	du *würdest*	hängen	er *würde*	hängen
	I Fut.II	ich *werde*	gehangen *haben*	du *werdest*	gehangen *haben*	er *werde*	gehangen *haben*
	II Fut.II	ich *würde*	gehangen *haben*	du *würdest*	gehangen *haben*	er *würde*	gehangen *haben*
Imp.			-		hänge		-
Inf.	Präs.		hängen				
	Perf.		gehangen *haben*				
	Fut.I		hängen *werden*				
	Fut.II		gehangen *haben werden*				
Part.	Präs.		hängend				
	Perf.		gehangen				

Ebenso konjugiert werden die Zusammensetzungen von hängen. Als transitives Verb gebraucht, wird Wand gehängt bzw. sie hängte *das Bild* an die Wand).

1. Person Plural		2. Person Plural		3. Person Plural	
wir	hängen	ihr	hängt	sie	hängen
wir	hingen	ihr	hingt	sie	hingen
wir *haben*	gehangen	ihr *habt*	gehangen	sie *haben*	gehangen
wir *hatten*	gehangen	ihr *hattet*	gehangen	sie *hatten*	gehangen
wir *werden*	hängen	ihr *werdet*	hängen	sie *werden*	hängen
wir *werden*	gehangen *haben*	ihr *werdet*	gehangen *haben*	sie *werden*	gehangen *haben*
wir	hängen	ihr	hänget	sie	hängen
wir	hingen	ihr	hinget	sie	hingen
wir *haben*	gehangen	ihr *habet*	gehangen	sie *haben*	gehangen
wir *hätten*	gehangen	ihr *hättet*	gehangen	sie *hätten*	gehangen
wir *werden*	hängen	ihr *werdet*	hängen	sie *werden*	hängen
wir *würden*	hängen	ihr *würdet*	hängen	sie *würden*	hängen
wir *werden*	gehangen *haben*	ihr *werdet*	gehangen *haben*	sie *werden*	gehangen *haben*
wir *würden*	gehangen *haben*	ihr *würdet*	gehangen *haben*	sie *würden*	gehangen *haben*
-		hängt		-	

hängen und seine Zusammensetzungen regelmäßig konjugiert (sie hat *das Bild* an die

hängen

23. Wägen

Mod.	Zeit	1. Person Singular			2. Person Singular			3. Person Singular		
Ind.	Präs.	ich	wäge		du	wägst		er	wägt	
	Prät.	ich	wog		du	wogst		er	wog	
	Perf.	ich habe	gewogen		du hast	gewogen		er hat	gewogen	
	Plus.	ich hatte	gewogen		du hattest	gewogen		er hatte	gewogen	
	Fut. I	ich werde	wägen		du wirst	wägen		er wird	wägen	
	Fut. II	ich werde	gewogen	haben	du wirst	gewogen	haben	er wird	gewogen	haben
Konj.	I Präs.	ich	wäge		du	wägest		er	wäge	
	II Prät.	ich	wöge		du	wögest		er	wöge	
	I Perf.	ich habe	gewogen		du habest	gewogen		er habe	gewogen	
	II Plus.	ich hätte	gewogen		du hättest	gewogen		er hätte	gewogen	
	I Fut. I	ich werde	wägen		du werdest	wägen		er werde	wägen	
	II Fut. I	ich würde	wägen		du würdest	wägen		er würde	wägen	
	I Fut.II	ich werde	gewogen	haben	du werdest	gewogen	haben	er werde	gewogen	haben
	II Fut.II	ich würde	gewogen	haben	du würdest	gewogen	haben	er würde	gewogen	haben
Imp.			-			wäge			-	

Mod.	Zeit			
Inf.	Präs.	wägen		
	Perf.	gewogen	haben	
	Fut.I	wägen	werden	
	Fut.II	gewogen	haben	werden
Part.	Präs.	wägend		
	Perf.	gewogen		

Ebenso konjugiert werden die Zusammensetzungen von wägen sowie gären, das in übertragener Be den.

dnf

1. Person Plural			2. Person Plural			3. Person Plural		
wir	wägen		ihr	wägt		sie	wägen	
wir	wogen		ihr	wogt		sie	wogen	
wir *haben*	gewogen		ihr *habt*	gewogen		sie *haben*	gewogen	
wir *hatten*	gewogen		ihr *hattet*	gewogen		sie *hatten*	gewogen	
wir *werden*	wägen		ihr *werdet*	wägen		sie *werden*	wägen	
wir *werden*	gewogen	*haben*	ihr *werdet*	gewogen	*haben*	sie *werden*	gewogen	*haben*
wir	wägen		ihr	wäget		sie	wägen	
wir	wögen		ihr	wöget		sie	wögen	
wir *haben*	gewogen		ihr *habet*	gewogen		sie *haben*	gewogen	
wir *hätten*	gewogen		ihr *hättet*	gewogen		sie *hätten*	gewogen	
wir *werden*	wägen		ihr *werdet*	wägen		sie *werden*	wägen	
wir *würden*	wägen		ihr *würdet*	wägen		sie *würden*	wägen	
wir *werden*	gewogen	*haben*	ihr *werdet*	gewogen	*haben*	sie *werden*	gewogen	*haben*
wir *würden*	gewogen	*haben*	ihr *würdet*	gewogen	*haben*	sie *würden*	gewogen	*haben*
	-			wägt			-	

deutung meist regelmäßig konjugiert wird. Abwägen kann auch regelmäßig konjugiert wer-

gären, wägen

24. Senden

Mod.	Zeit	1. Person Singular			2. Person Singular			3. Person Singular		
Ind.	Präs.	ich	sende		du	sendest		er	sendet	
	Prät.	ich	sandte		du	sandtest		er	sandte	
	Perf.	ich habe	gesandt		du hast	gesandt		er hat	gesandt	
	Plus.	ich hatte	gesandt		du hattest	gesandt		er hatte	gesandt	
	Fut. I	ich werde	senden		du wirst	senden		er wird	senden	
	Fut. II	ich werde	gesandt	haben	du wirst	gesandt	haben	er wird	gesandt	haben
Konj.	I Präs.	ich	sende		du	sendest		er	sende	
	II Prät.	ich	sendete		du	sendetest		er	sendete	
	I Perf.	ich habe	gesandt		du habest	gesandt		er habe	gesandt	
	II Plus.	ich hätte	gesandt		du hättest	gesandt		er hätte	gesandt	
	I Fut. I	ich werde	senden		du werdest	senden		er werde	senden	
	II Fut. I	ich würde	senden		du würdest	senden		er würde	senden	
	I Fut.II	ich werde	gesandt	haben	du werdest	gesandt	haben	er werde	gesandt	haben
	II Fut.II	ich würde	gesandt	haben	du würdest	gesandt	haben	er würde	gesandt	haben
Imp.			-			sende			-	
Inf.	Präs.		senden							
	Perf.		gesandt	haben						
	Fut.I		senden	werden						
	Fut.II		gesandt	haben werden						
Part.	Präs.		sendend							
	Perf.		gesandt							

Ebenso konjugiert werden die Zusammensetzungen von senden sowie wenden und seine Zusammen Endungen, die mit -t oder -s beginnen nach dem Verbstamm ein -e eingefügen. Senden wird in der Be in der Bedeutung umkehren verwendet wird, regelmäßig konjugiert, in der Bedeutung ansprechen, bit ßig konjugiert.

1. Person Plural			2. Person Plural			3. Person Plural		
wir	senden		ihr	sendet		sie	sende	
wir	sandten		ihr	sandtet		sie	sandten	
wir *haben*	gesandt		ihr *habt*	gesandt		sie *haben*	gesandt	
wir *hatten*	gesandt		ihr *hattet*	gesandt		sie *hatten*	gesandt	
wir *werden*	senden		ihr *werdet*	senden		sie *werden*	senden	
wir *werden*	gesandt	*haben*	ihr *werdet*	gesandt	*haben*	sie *werden*	gesandt	*haben*
wir	senden		ihr	sendet		sie	senden	
wir	sendeten		ihr	sendetet		sie	sendeten	
wir *haben*	gesandt		ihr *habet*	gesandt		sie *haben*	gesandt	
wir *hätten*	gesandt		ihr *hättet*	gesandt		sie *hätten*	gesandt	
wir *werden*	senden		ihr *werdet*	senden		sie *werden*	senden	
wir *würden*	senden		ihr *würdet*	senden		sie *würden*	senden	
wir *werden*	gesandt	*haben*	ihr *werdet*	gesandt	*haben*	sie *werden*	gesandt	*haben*
wir *würden*	gesandt	*haben*	ihr *würdet*	gesandt	*haben*	sie *würden*	gesandt	*haben*
	-			sendet			-	

senden, wenden

setzungen. Es ist zu beachten, dass alle Verben, deren Verbstamm auf -d endet, vor allen
deutung im Rundfunk, Fernsehen übertragen regelmäßig konjugiert. Wenden wird, wenn es
ten wird es wie oben dargestellt konjugiert. Entwenden wird in moderner Sprache regelmä-

25. Kennen

Mod.	Zeit	1. Person Singular			2. Person Singular			3. Person Singular		
Ind.	Präs.	ich	kenne		du	kennst		er	kennt	
	Prät.	ich	kannte		du	kanntest		er	kannte	
	Perf.	ich habe	gekannt		du hast	gekannt		er hat	gekannt	
	Plus.	ich hatte	gekannt		du hattest	gekannt		er hatte	gekannt	
	Fut. I	ich werde	kennen		du wirst	kennen		er wird	kennen	
	Fut. II	ich werde	gekannt	haben	du wirst	gekannt	haben	er wird	gekannt	haben
Konj.	I Präs.	ich	kenne		du	kennest		er	kenne	
	II Prät.	ich	kennte		du	kenntest		er	kennte	
	I Perf.	ich habe	gekannt		du habest	gekannt		er habe	gekannt	
	II Plus.	ich hätte	gekannt		du hättest	gekannt		er hätte	gekannt	
	I Fut. I	ich werde	kennen		du werdest	kennen		er werde	kennen	
	II Fut. I	ich würde	kennen		du würdest	kennen		er würde	kennen	
	I Fut.II	ich werde	gekannt	haben	du werdest	gekannt	haben	er werde	gekannt	haben
	II Fut.II	ich würde	gekannt	haben	du würdest	gekannt	haben	er würde	gekannt	haben
Imp.			-			kenne			-	
Inf.	Präs.		kennen							
	Perf.		gekannt	haben						
	Fut.I		kennen	werden						
	Fut.II		gekannt	haben	werden					
Part.	Präs.		kennend							
	Perf.		gekannt							

Ebenso konjugiert werden die Zusammensetzungen von kennen sowie brennen, nennen, rennen und

1. Person Plural			2. Person Plural			3. Person Plural		
wir	kenn*en*		ihr	kenn*t*		sie	kenn*en*	
wir	kann*ten*		ihr	kann*tet*		sie	kann*ten*	
wir *haben*	*ge*kann*t*		ihr *habt*	*ge*kann*t*		sie *haben*	*ge*kann*t*	
wir *hatten*	*ge*kann*t*		ihr *hattet*	*ge*kann*t*		sie *hatten*	*ge*kann*t*	
wir *werden*	kennen		ihr *werdet*	kennen		sie *werden*	kennen	
wir *werden*	*ge*kann*t*	*haben*	ihr *werdet*	*ge*kann*t*	*haben*	sie *werden*	*ge*kann*t*	*haben*
wir	kenn*en*		ihr	kenn*et*		sie	kenn*en*	
wir	kenn*ten*		ihr	kenn*tet*		sie	kenn*ten*	
wir *haben*	*ge*kann*t*		ihr *habet*	*ge*kann*t*		sie *haben*	*ge*kann*t*	
wir *hätten*	*ge*kann*t*		ihr *hättet*	*ge*kann*t*		sie *hätten*	*ge*kann*t*	
wir *werden*	kennen		ihr *werdet*	kennen		sie *werden*	kennen	
wir *würden*	kennen		ihr *würdet*	kennen		sie *würden*	kennen	
wir *werden*	*ge*kann*t*	*haben*	ihr *werdet*	*ge*kann*t*	*haben*	sie *werden*	*ge*kann*t*	*haben*
wir *würden*	*ge*kann*t*	*haben*	ihr *würdet*	*ge*kann*t*	*haben*	sie *würden*	*ge*kann*t*	*haben*
-			kenn*t*			-		

ihre Zusammensetzungen.

brennen, kennen, nennen, rennen

26. Genesen

Mod.	Zeit	1. Person Singular		2. Person Singular		3. Person Singular	
Ind.	Präs.	ich	genese	du	genest	er	genest
	Prät.	ich	genas	du	genasest	er	genas
	Perf.	ich *bin*	genesen	du *bist*	genesen	er *ist*	genesen
	Plus.	ich *war*	genesen	du *warst*	genesen	er *war*	genesen
	Fut. I	ich *werde*	genesen	du *wirst*	genesen	er *wird*	genesen
	Fut. II	ich *werde*	genesen *sein*	du *wirst*	genesen *sein*	er *wird*	genesen *sein*
Konj.	I Präs.	ich	genese	du	genesest	er	genese
	II Prät.	ich	genäse	du	genäsest	er	genäse
	I Perf.	ich *sei*	genesen	du *sei(e)st*	genesen	er *sei*	genesen
	II Plus.	ich *wäre*	genesen	du *wär(e)st*	genesen	er *wäre*	genesen
	I Fut. I	ich *werde*	genesen	du *werdest*	genesen	er *werde*	genesen
	II Fut. I	ich *würde*	genesen	du *würdest*	genesen	er *würde*	genesen
	I Fut.II	ich *werde*	genesen *sein*	du *werdest*	genesen *sein*	er *werde*	genesen *sein*
	II Fut.II	ich *würde*	genesen *sein*	du *würdest*	genesen *sein*	er *würde*	genesen *sein*
Imp.			-		genese		-
Inf.	Präs.		genesen				
	Perf.		genesen *sein*				
	Fut.I		genesen *werden*				
	Fut.II		genesen *sein werden*				
Part.	Präs.		genesend				
	Perf.		genesen				

Bei allen Verben, deren Verbstamm auf -s endet, wird das -st der Endung in der 2. Person Singular im Partizip Perfekt. Dies gilt für genesen.

| genesen - genest - genas - genese - genäse - genesen

1. Person Plural			2. Person Plural			3. Person Plural		
wir	genesen		ihr	genest		sie	genesen	
wir	**genasen**		ihr	**genast**		sie	**genasen**	
wir *sind*	**genesen**		ihr *seid*	**genesen**		sie *sind*	**genesen**	
wir *waren*	**genesen**		ihr *war*	**genesen**		sie *waren*	**genesen**	
wir *werden*	genesen		ihr *werdet*	genesen		sie *werden*	genesen	
wir *werden*	**genesen**	*sein*	ihr *werdet*	**genesen**	*sein*	sie *werden*	**genesen**	*sein*
wir	genesen		ihr	genesen		sie	genesen	
wir	**genäsen**		ihr	**genäset**		sie	**genäsen**	
wir *seien*	**genesen**		ihr *seiet*	**genesen**		sie *seien*	**genesen**	
wir *wären*	**genesen**		ihr *wär(e)t*	**genesen**		sie *wären*	**genesen**	
wir *werden*	genesen		ihr *werdet*	genesen		sie *werden*	genesen	
wir *würden*	genesen		ihr *würdet*	genesen		sie *würden*	genesen	
wir *werden*	**genesen**	*sein*	ihr *werdet*	**genesen**	*sein*	sie *werden*	**genesen**	*sein*
wir *würden*	**genesen**	*sein*	ihr *würdet*	**genesen**	*sein*	sie *würden*	**genesen**	*sein*
-			genest			-		

Indikativ Präsens auf -t verkürzt. Bei allen Verben, die mit ge- beginnen entfällt das ge- im

genesen

27. Denken

Mod.	Zeit	1. Person Singular			2. Person Singular			3. Person Singular		
Ind.	Präs.	ich	denke		du	denkst		er	denkt	
	Prät.	ich	dachte		du	dachtest		er	dachte	
	Perf.	ich *habe*	gedacht		du *hast*	gedacht		er *hat*	gedacht	
	Plus.	ich *hatte*	gedacht		du *hattest*	gedacht		er *hatte*	gedacht	
	Fut. I	ich *werde*	denken		du *wirst*	denken		er *wird*	denken	
	Fut. II	ich *werde*	gedacht	*haben*	du *wirst*	gedacht	*haben*	er *wird*	gedacht	*haben*
Konj.	I Präs.	ich	denke		du	denkest		er	denke	
	II Prät.	ich	dächte		du	dächtest		er	dächte	
	I Perf.	ich *habe*	gedacht		du *habest*	gedacht		er *habe*	gedacht	
	II Plus.	ich *hätte*	gedacht		du *hättest*	gedacht		er *hätte*	gedacht	
	I Fut. I	ich *werde*	denken		du *werdest*	denken		er *werde*	denken	
	II Fut. I	ich *würde*	denken		du *würdest*	denken		er *würde*	denken	
	I Fut.II	ich *werde*	gedacht	*haben*	du *werdest*	gedacht	*haben*	er *werde*	gedacht	*haben*
	II Fut.II	ich *würde*	gedacht	*haben*	du *würdest*	gedacht	*haben*	er *würde*	gedacht	*haben*
Imp.			-			denke			-	

Mod.	Zeit			
Inf.	Präs.	denken		
	Perf.	gedacht	*haben*	
	Fut.I	denken	*werden*	
	Fut.II	gedacht	*haben*	*werden*
Part.	Präs.	denkend		
	Perf.	gedacht		

Ebenso konjugiert werden die Zusammensetzungen von denken.

1. Person Plural			2. Person Plural			3. Person Plural		
wir	denk*en*		ihr	denk*t*		sie	denk*en*	
wir	dach*ten*		ihr	dach*tet*		sie	dach*ten*	
wir *haben*	*ge*dach*t*		ihr *habt*	*ge*dach*t*		sie *haben*	*ge*dach*t*	
wir *hatten*	*ge*dach*t*		ihr *hattet*	*ge*dach*t*		sie *hatten*	*ge*dach*t*	
wir *werden*	denk*en*		ihr *werdet*	denk*en*		sie *werden*	denk*en*	
wir *werden*	*ge*dach*t*	*haben*	ihr *werdet*	*ge*dach*t*	*haben*	sie *werden*	*ge*dach*t*	*haben*
wir	denk*en*		ihr	denk*et*		sie	denk*en*	
wir	däch*ten*		ihr	däch*tet*		sie	däch*ten*	
wir *haben*	*ge*dach*t*		ihr *habet*	*ge*dach*t*		sie *haben*	*ge*dach*t*	
wir *hätten*	*ge*dach*t*		ihr *hättet*	*ge*dach*t*		sie *hätten*	*ge*dach*t*	
wir *werden*	denk*en*		ihr *werdet*	denk*en*		sie *werden*	denk*en*	
wir *würden*	denk*en*		ihr *würdet*	denk*en*		sie *würden*	denk*en*	
wir *werden*	*ge*dach*t*	*haben*	ihr *werdet*	*ge*dach*t*	*haben*	sie *werden*	*ge*dach*t*	*haben*
wir *würden*	*ge*dach*t*	*haben*	ihr *würdet*	*ge*dach*t*	*haben*	sie *würden*	*ge*dach*t*	*haben*
	-			denk*t*			-	

28. Stehen

Mod.	Zeit	1. Person Singular		2. Person Singular		3. Person Singular	
Ind.	Präs.	ich	stehe	du	stehst	er	steht
	Prät.	ich	stand	du	stand(e)st	er	stand
	Perf.	ich *habe*	gestanden	du *hast*	gestanden	er *hat*	gestanden
	Plus.	ich *hatte*	gestanden	du *hattest*	gestanden	er *hatte*	gestanden
	Fut. I	ich *werde*	stehen	du *wirst*	stehen	er *wird*	stehen
	Fut. II	ich *werde*	gestanden *haben*	du *wirst*	gestanden *haben*	er *wird*	gestanden *haben*
Konj.	I Präs.	ich	stehe	du	stehest	er	stehe
	II Prät.	ich ich	stünde stände	du du	stündest ständest	er er	stünde stände
	I Perf.	ich *habe*	gestanden	du *habest*	gestanden	er *habe*	gestanden
	II Plus.	ich *hätte*	gestanden	du *hättest*	gestanden	er *hätte*	gestanden
	I Fut. I	ich *werde*	stehen	du *werdest*	stehen	er *werde*	stehen
	II Fut. I	ich *würde*	stehen	du *würdest*	stehen	er *würde*	stehen
	I Fut.II	ich *werde*	gestanden *haben*	du *werdest*	gestanden *haben*	er *werde*	gestanden *haben*
	II Fut.II	ich *würde*	gestanden *haben*	du *würdest*	gestanden *haben*	er *würde*	gestanden *haben*
Imp.		-		stehe		-	

Mod.	Zeit	
Inf.	Präs.	stehen
	Perf.	gestanden *haben*
	Fut.I	stehen *werden*
	Fut.II	gestanden *haben* *werden*
Part.	Präs.	stehend
	Perf.	gestanden

Ebenso konjugiert werden die Zusammensetzungen von stehen.

1. Person Plural			2. Person Plural			3. Person Plural		
wir	stehen		ihr	steht		sie	stehen	
wir	standen		ihr	standet		sie	standen	
wir *haben*	gestanden		ihr *habt*	gestanden		sie *haben*	gestanden	
wir *hatten*	gestanden		ihr *hattet*	gestanden		sie *hatten*	gestanden	
wir *werden*	stehen		ihr *werdet*	stehen		sie *werden*	stehen	
wir *werden*	gestanden	*haben*	ihr *werdet*	gestanden	*haben*	sie *werden*	gestanden	*haben*
wir	stehen		ihr	stehet		sie	stehen	
wir wir	stünden ständen		ihr ihr	stündet ständet		sie sie	stünden ständen	
wir *haben*	gestanden		ihr *habet*	gestanden		sie *haben*	gestanden	
wir *hätten*	gestanden		ihr *hättet*	gestanden		sie *hätten*	gestanden	
wir *werden*	stehen		ihr *werdet*	stehen		sie *werden*	stehen	
wir *würden*	stehen		ihr *würdet*	stehen		sie *würden*	stehen	
wir *werden*	gestanden	*haben*	ihr *werdet*	gestanden	*haben*	sie *werden*	gestanden	*haben*
wir *würden*	gestanden	*haben*	ihr *würdet*	gestanden	*haben*	sie *würden*	gestanden	*haben*
	-			steht			-	

29. Geben

Mod.	Zeit	1. Person Singular		2. Person Singular		3. Person Singular	
Ind.	Präs.	ich	gebe	du	gibst	er	gibt
	Prät.	ich	gab	du	gabst	er	gab
	Perf.	ich *habe*	gegeben	du *hast*	gegeben	er *hat*	gegeben
	Plus.	ich *hatte*	gegeben	du *hattest*	gegeben	er *hatte*	gegeben
	Fut. I	ich *werde*	geben	du *wirst*	geben	er *wird*	geben
	Fut. II	ich *werde*	gegeben *haben*	du *wirst*	gegeben *haben*	er *wird*	gegeben *haben*
Konj.	I Präs.	ich	gebe	du	gebest	er	gebe
	II Prät.	ich	gäbe	du	gäbest	er	gäbe
	I Perf.	ich *habe*	gegeben	du *habest*	gegeben	er *habe*	gegeben
	II Plus.	ich *hätte*	gegeben	du *hättest*	gegeben	er *hätte*	gegeben
	I Fut. I	ich *werde*	geben	du *werdest*	geben	er *werde*	geben
	II Fut. I	ich *würde*	geben	du *würdest*	geben	er *würde*	geben
	I Fut.II	ich *werde*	gegeben *haben*	du *werdest*	gegeben *haben*	er *werde*	gegeben *haben*
	II Fut.II	ich *würde*	gegeben *haben*	du *würdest*	gegeben *haben*	er *würde*	gegeben *haben*
Imp.			-		gib		-

Mod.	Zeit	
Inf.	Präs.	geben
	Perf.	gegeben *haben*
	Fut.I	geben *werden*
	Fut.II	gegeben *haben* *werden*
Part.	Präs.	gebend
	Perf.	gegeben

Ebenso konjugiert werden die Zusammensetzungen von geben.

1. Person Plural			2. Person Plural			3. Person Plural		
wir	geben		ihr	gebt		sie	geben	
wir	gaben		ihr	gabt		sie	gaben	
wir *haben*	gegeben		ihr *habt*	gegeben		sie *haben*	gegeben	
wir *hatten*	gegeben		ihr *hattet*	gegeben		sie *hatten*	gegeben	
wir *werden*	geben		ihr *werdet*	geben		sie *werden*	geben	
wir *werden*	gegeben	*haben*	ihr *werdet*	gegeben	*haben*	sie *werden*	gegeben	*haben*
wir	geben		ihr	gebet		sie	geben	
wir	gäben		ihr	gäbet		sie	gäben	
wir *haben*	gegeben		ihr *habet*	gegeben		sie *haben*	gegeben	
wir *hätten*	gegeben		ihr *hättet*	gegeben		sie *hätten*	gegeben	
wir *werden*	geben		ihr *werdet*	geben		sie *werden*	geben	
wir *würden*	geben		ihr *würdet*	geben		sie *würden*	geben	
wir *werden*	gegeben	*haben*	ihr *werdet*	gegeben	*haben*	sie *werden*	gegeben	*haben*
wir *würden*	gegeben	*haben*	ihr *würdet*	gegeben	*haben*	sie *würden*	gegeben	*haben*
-			gebt			-		

30. Essen

Mod.	Zeit	1. Person Singular		2. Person Singular		3. Person Singular	
Ind.	Präs.	ich	esse	du	isst	er	isst
	Prät.	ich	aß	du	aßest	er	aß
	Perf.	ich *habe*	gegessen	du *hast*	gegessen	er *hat*	gegessen
	Plus.	ich *hatte*	gegessen	du *hattest*	gegessen	er *hatte*	gegessen
	Fut. I	ich *werde*	essen	du *wirst*	essen	er *wird*	essen
	Fut. II	ich *werde*	gegessen *haben*	du *wirst*	gegessen *haben*	er *wird*	gegessen *haben*
Konj.	I Präs.	ich	esse	du	essest	er	esse
	II Prät.	ich	äße	du	äßest	er	äße
	I Perf.	ich *habe*	gegessen	du *habest*	gegessen	er *habe*	gegessen
	II Plus.	ich *hätte*	gegessen	du *hättest*	gegessen	er *hätte*	gegessen
	I Fut. I	ich *werde*	essen	du *werdest*	essen	er *werde*	essen
	II Fut. I	ich *würde*	essen	du *würdest*	essen	er *würde*	essen
	I Fut.II	ich *werde*	gegessen *haben*	du *werdest*	gegessen *haben*	er *werde*	gegessen *haben*
	II Fut.II	ich *würde*	gegessen *haben*	du *würdest*	gegessen *haben*	er *würde*	gegessen *haben*
Imp.			-		iss		-
Inf.	Präs.		essen				
	Perf.		gegessen *haben*				
	Fut.I		essen *werden*				
	Fut.II		gegessen *haben werden*				
Part.	Präs.		essend				
	Perf.		gegessen				

Ebenso konjugiert werden fressen, messen, vergessen und alle ihre Zusammensetzungen sowie die fekt kein zusätzliches g- eingeschoben (gefressen, gemessen, vergessen). Es ist zu beachten, dass bei gular im Indikativ Präsens auf -t verkürzt wird (du isst).

1. Person Plural			2. Person Plural			3. Person Plural		
wir	essen		ihr	esst		sie	essen	
wir	aßen		ihr	aßt		sie	aßen	
wir *haben*	gegessen		ihr *habt*	gegessen		sie *haben*	gegessen	
wir *hatten*	gegessen		ihr *hattet*	gegessen		sie *hatten*	gegessen	
wir *werden*	essen		ihr *werdet*	essen		sie *werden*	essen	
wir *werden*	gegessen	*haben*	ihr *werdet*	gegessen	*haben*	sie *werden*	gegessen	*haben*
wir	essen		ihr	esset		sie	essen	
wir	äßen		ihr	äßet		sie	äßen	
wir *haben*	gegessen		ihr *habet*	gegessen		sie *haben*	gegessen	
wir *hätten*	gegessen		ihr *hättet*	gegessen		sie *hätten*	gegessen	
wir *werden*	essen		ihr *werdet*	essen		sie *werden*	essen	
wir *würden*	essen		ihr *würdet*	essen		sie *würden*	essen	
wir *werden*	gegessen	*haben*	ihr *werdet*	gegessen	*haben*	sie *werden*	gegessen	*haben*
wir *würden*	gegessen	*haben*	ihr *würdet*	gegessen	*haben*	sie *würden*	gegessen	*haben*
	-			esst			-	

Zusammensetzungen von essen. Bei fressen, messen und vergessen wird im Partizip Per-
allen Verbformen, deren Verbstamm auf -s endet, das -st der Endung in der 2. Person Sin-

essen, fressen, messen, vergessen

31. Sehen

Mod.	Zeit	1. Person Singular			2. Person Singular			3. Person Singular		
Ind.	Präs.	ich	sehe		du	siehst		er	sieht	
	Prät.	ich	sah		du	sahst		er	sah	
	Perf.	ich *habe*	gesehen		du *hast*	gesehen		er *hat*	gesehen	
	Plus.	ich *hatte*	gesehen		du *hattest*	gesehen		er *hatte*	gesehen	
	Fut. I	ich *werde*	sehen		du *wirst*	sehen		er *wird*	sehen	
	Fut. II	ich *werde*	gesehen	*haben*	du *wirst*	gesehen	*haben*	er *wird*	gesehen	*haben*
Konj.	I Präs.	ich	sehe		du	sehest		er	sehe	
	II Prät.	ich	sähe		du	sähest		er	sähe	
	I Perf.	ich *habe*	gesehen		du *habest*	gesehen		er *habe*	gesehen	
	II Plus.	ich *hätte*	gesehen		du *hättest*	gesehen		er *hätte*	gesehen	
	I Fut. I	ich *werde*	sehen		du *werdest*	sehen		er *werde*	sehen	
	II Fut. I	ich *würde*	sehen		du *würdest*	sehen		er *würde*	sehen	
	I Fut.II	ich *werde*	gesehen	*haben*	du *werdest*	gesehen	*haben*	er *werde*	gesehen	*haben*
	II Fut.II	ich *würde*	gesehen	*haben*	du *würdest*	gesehen	*haben*	er *würde*	gesehen	*haben*
Imp.			-			sieh			-	
Inf.	Präs.		sehen							
	Perf.		gesehen	*haben*						
	Fut.I		sehen	*werden*						
	Fut.II		gesehen	*haben werden*						
Part.	Präs.		sehend							
	Perf.		gesehen							

Ebenso konjugiert werden die Zusammensetzungen von sehen sowie lesen und seine Zusammensetzun det das -st der Endung in der 2. Person Singular im Indikativ Präsens auf -t verkürzt wird (du liest). Das

1. Person Plural			2. Person Plural			3. Person Plural		
wir	sehen		ihr	seht		sie	sehen	
wir	**sahen**		ihr	**saht**		sie	**sahen**	
wir *haben*	gesehen		ihr *habt*	gesehen		sie *haben*	gesehen	
wir *hatten*	gesehen		ihr *hattet*	gesehen		sie *hatten*	gesehen	
wir *werden*	sehen		ihr *werdet*	sehen		sie *werden*	sehen	
wir *werden*	gesehen	*haben*	ihr *werdet*	gesehen	*haben*	sie *werden*	gesehen	*haben*
wir	sehen		ihr	sehet		sie	sehen	
wir	**sähen**		ihr	**sähet**		sie	**sähen**	
wir *haben*	gesehen		ihr *habet*	gesehen		sie *haben*	gesehen	
wir *hätten*	gesehen		ihr *hättet*	gesehen		sie *hätten*	gesehen	
wir *werden*	sehen		ihr *werdet*	sehen		sie *werden*	sehen	
wir *würden*	sehen		ihr *würdet*	sehen		sie *würden*	sehen	
wir *werden*	gesehen	*haben*	ihr *werdet*	gesehen	*haben*	sie *werden*	gesehen	*haben*
wir *würden*	gesehen	*haben*	ihr *würdet*	gesehen	*haben*	sie *würden*	gesehen	*haben*
	-			seht			-	

gen und geschehen. Es ist zu beachten, dass bei den Verben, deren Verbstamm auf -s en-
Partizip Perfekt von geschehen lautet geschehen (es ist geschehen).

geschehen, lesen, sehen

32. Treten

Mod.	Zeit	1. Person Singular			2. Person Singular			3. Person Singular		
Ind.	Präs.	ich	trete		du	trittst		er	tritt	
	Prät.	ich	trat		du	trat(e)st		er	trat	
	Perf.	ich *habe*	getreten		du *hast*	getreten		er *hat*	getreten	
	Plus.	ich *hatte*	getreten		du *hattest*	getreten		er *hatte*	getreten	
	Fut. I	ich *werde*	treten		du *wirst*	treten		er *wird*	treten	
	Fut. II	ich *werde*	getreten	*haben*	du *wirst*	getreten	*haben*	er *wird*	getreten	*haben*
Konj.	I Präs.	ich	trete		du	tretest		er	trete	
	II Prät.	ich	träte		du	trätest		er	träte	
	I Perf.	ich *habe*	getreten		du *habest*	getreten		er *habe*	getreten	
	II Plus.	ich *hätte*	getreten		du *hättest*	getreten		er *hätte*	getreten	
	I Fut. I	ich *werde*	treten		du *werdest*	treten		er *werde*	treten	
	II Fut. I	ich *würde*	treten		du *würdest*	treten		er *würde*	treten	
	I Fut.II	ich *werde*	getreten	*haben*	du *werdest*	getreten	*haben*	er *werde*	getreten	*haben*
	II Fut.II	ich *würde*	getreten	*haben*	du *würdest*	getreten	*haben*	er *würde*	getreten	*haben*
Imp.			-			tritt			-	

Mod.	Zeit			
Inf.	Präs.	treten		
	Perf.	getreten	*haben*	
	Fut.I	treten	*werden*	
	Fut.II	getreten	*haben*	*werden*
Part.	Präs.	tretend		
	Perf.	getreten		

Ebenso konjugiert werden die Zusammensetzungen von treten. Es ist zu beachten, dass bei den Ver Verbstamm ein -e eingefüht wird (ihr tretet). Als transitives Verb wird treten mit haben konjugiert (ich Zimmer getreten).

1. Person Plural			2. Person Plural			3. Person Plural		
wir	treten		ihr	tretet		sie	treten	
wir	traten		ihr	tratet		sie	traten	
wir *haben*	getreten		ihr *habt*	getreten		sie *haben*	getreten	
wir *hatten*	getreten		ihr *hattet*	getreten		sie *hatten*	getreten	
wir *werden*	treten		ihr *werdet*	treten		sie *werden*	treten	
wir *werden*	getreten	*haben*	ihr *werdet*	getreten	*haben*	sie *werden*	getreten	*haben*
wir	treten		ihr	tretet		sie	treten	
wir	träten		ihr	trätet		sie	träten	
wir *haben*	getreten		ihr *habet*	getreten		sie *haben*	getreten	
wir *hätten*	getreten		ihr *hättet*	getreten		sie *hätten*	getreten	
wir *werden*	treten		ihr *werdet*	treten		sie *werden*	treten	
wir *würden*	treten		ihr *würdet*	treten		sie *würden*	treten	
wir *werden*	getreten	*haben*	ihr *werdet*	getreten	*haben*	sie *werden*	getreten	*haben*
wir *würden*	getreten	*haben*	ihr *würdet*	getreten	*haben*	sie *würden*	getreten	*haben*
	-			tretet			-	

ben, deren Verbstamm auf -t endet, vor allen Endungen, die mit -t beginnen nach dem
habe *dich* getreten). Als intransitives Verb wird treten mit sein konjugiert (ich **bin** in das

33. Treffen

Mod.	Zeit	1. Person Singular		2. Person Singular		3. Person Singular	
Ind.	Präs.	ich	treffe	du	triffst	er	trifft
	Prät.	ich	traf	du	trafst	er	traf
	Perf.	ich *habe*	getroffen	du *hast*	getroffen	er *hat*	getroffen
	Plus.	ich *hatte*	getroffen	du *hattest*	getroffen	er *hatte*	getroffen
	Fut. I	ich *werde*	treffen	du *wirst*	treffen	er *wird*	treffen
	Fut. II	ich *werde*	getroffen *haben*	du *wirst*	getroffen *haben*	er *wird*	getroffen *haben*
Konj.	I Präs.	ich	treffe	du	treffest	er	treffe
	II Prät.	ich	träfe	du	träfest	er	träfe
	I Perf.	ich *habe*	getroffen	du *habest*	getroffen	er *habe*	getroffen
	II Plus.	ich *hätte*	getroffen	du *hättest*	getroffen	er *hätte*	getroffen
	I Fut. I	ich *werde*	treffen	du *werdest*	treffen	er *werde*	treffen
	II Fut. I	ich *würde*	treffen	du *würdest*	treffen	er *würde*	treffen
	I Fut.II	ich *werde*	getroffen *haben*	du *werdest*	getroffen *haben*	er *werde*	getroffen *haben*
	II Fut.II	ich *würde*	getroffen *haben*	du *würdest*	getroffen *haben*	er *würde*	getroffen *haben*
Imp.			-		triff		-
Inf.	Präs.		treffen				
	Perf.		getroffen *haben*				
	Fut.I		treffen *werden*				
	Fut.II		getroffen *haben werden*				
Part.	Präs.		treffend				
	Perf.		getroffen				

Ebenso konjugiert werden alle Zusammensetzungen von treffen.

1. Person Plural			2. Person Plural			3. Person Plural		
wir	treffen		ihr	trefft		sie	treffen	
wir	trafen		ihr	traft		sie	trafen	
wir *haben*	getroffen		ihr *habt*	getroffen		sie *haben*	getroffen	
wir *hatten*	getroffen		ihr *hattet*	getroffen		sie *hatten*	getroffen	
wir *werden*	treffen		ihr *werdet*	treffen		sie *werden*	treffen	
wir *werden*	getroffen	*haben*	ihr *werdet*	getroffen	*haben*	sie *werden*	getroffen	*haben*
wir	treffen		ihr	treffet		sie	treffen	
wir	träfen		ihr	träfet		sie	träfen	
wir *haben*	getroffen		ihr *habet*	getroffen		sie *haben*	getroffen	
wir *hätten*	getroffen		ihr *hättet*	getroffen		sie *hätten*	getroffen	
wir *werden*	treffen		ihr *werdet*	treffen		sie *werden*	treffen	
wir *würden*	treffen		ihr *würdet*	treffen		sie *würden*	treffen	
wir *werden*	getroffen	*haben*	ihr *werdet*	getroffen	*haben*	sie *werden*	getroffen	*haben*
wir *würden*	getroffen	*haben*	ihr *würdet*	getroffen	*haben*	sie *würden*	getroffen	*haben*
-			trefft			-		

34. Stehlen

Mod.	Zeit	1. Person Singular		2. Person Singular		3. Person Singular	
Ind.	Präs.	ich	stehle	du	stiehlst	er	stiehlt
	Prät.	ich	stahl	du	stahlst	er	stahl
	Perf.	ich *habe*	gestohlen	du *hast*	gestohlen	er *hat*	gestohlen
	Plus.	ich *hatte*	gestohlen	du *hattest*	gestohlen	er *hatte*	gestohlen
	Fut. I	ich *werde*	stehlen	du *wirst*	stehlen	er *wird*	stehlen
	Fut. II	ich *werde*	gestohlen *haben*	du *wirst*	gestohlen *haben*	er *wird*	gestohlen *haben*
Konj.	I Präs.	ich	stehle	du	stehlest	er	stehle
	II Prät.	ich ich	stähle stöhle	du du	stählest stöhlest	er er	stähle stöhle
	I Perf.	ich *habe*	gestohlen	du *habest*	gestohlen	er *habe*	gestohlen
	II Plus.	ich *hätte*	gestohlen	du *hättest*	gestohlen	er *hätte*	gestohlen
	I Fut. I	ich *werde*	stehlen	du *werdest*	stehlen	er *werde*	stehlen
	II Fut. I	ich *würde*	stehlen	du *würdest*	stehlen	er *würde*	stehlen
	I Fut.II	ich *werde*	gestohlen *haben*	du *werdest*	gestohlen *haben*	er *werde*	gestohlen *haben*
	II Fut.II	ich *würde*	gestohlen *haben*	du *würdest*	gestohlen *haben*	er *würde*	gestohlen *haben*
Imp.			-		stiehl		-

Mod.	Zeit	
Inf.	Präs.	stehlen
	Perf.	gestohlen *haben*
	Fut.I	stehlen *werden*
	Fut.II	gestohlen *haben* *werden*
Part.	Präs.	stehlend
	Perf.	gestohlen

Ebenso konjugiert werden die Zusammensetzungen von stehlen sowie befehlen und empfehlen und ih ten verwendet. Das Partizip Perfekt von befehlen und empfehlen lautet befohlen und empfohlen (ich ha

| **stehl*en* - stiehl*st* - stahl - stehle - stähle - *gestohlen***

1. Person Plural		2. Person Plural		3. Person Plural	
wir	stehl*en*	ihr	stehl*t*	sie	stehl*en*
wir	**stahlen**	ihr	**stahlt**	sie	**stahlen**
wir *haben*	*gestohlen*	ihr *habt*	*gestohlen*	sie *haben*	*gestohlen*
wir *hatten*	*gestohlen*	ihr *hattet*	*gestohlen*	sie *hatten*	*gestohlen*
wir *werden*	stehl*en*	ihr *werdet*	stehl*en*	sie *werden*	stehl*en*
wir *werden*	*gestohlen haben*	ihr *werdet*	*gestohlen haben*	sie *werden*	*gestohlen haben*
wir	stehl*en*	ihr	stehl*et*	sie	stehl*en*
wir wir	**stählen** **stöhlen**	ihr ihr	**stählet** **stöhlet**	sie sie	**stählen** **stöhlen**
wir *haben*	*gestohlen*	ihr *habet*	*gestohlen*	sie *haben*	*gestohlen*
wir *hätten*	*gestohlen*	ihr *hättet*	*gestohlen*	sie *hätten*	*gestohlen*
wir *werden*	stehl*en*	ihr *werdet*	stehl*en*	sie *werden*	stehl*en*
wir *würden*	stehl*en*	ihr *würdet*	stehl*en*	sie *würden*	stehl*en*
wir *werden*	*gestohlen haben*	ihr *werdet*	*gestohlen haben*	sie *werden*	*gestohlen haben*
wir *würden*	*gestohlen haben*	ihr *würdet*	*gestohlen haben*	sie *würden*	*gestohlen haben*
	-		stehl*t*		-

re Zusammensetzungen. Die Verbformen stöhle, stöhlest etc. im Konjunktiv II werden sel-
be befohlen, ich habe empfohlen).

befehlen, empfehlen, stehlen

35. Sprechen

Mod.	Zeit	1. Person Singular		2. Person Singular		3. Person Singular	
Ind.	Präs.	ich	spreche	du	sprichst	er	spricht
	Prät.	ich	sprach	du	sprachst	er	sprach
	Perf.	ich *habe*	gesprochen	du *hast*	gesprochen	er *hat*	gesprochen
	Plus.	ich *hatte*	gesprochen	du *hattest*	gesprochen	er *hatte*	gesprochen
	Fut. I	ich *werde*	sprechen	du *wirst*	sprechen	er *wird*	sprechen
	Fut. II	ich *werde*	gesprochen *haben*	du *wirst*	gesprochen *haben*	er *wird*	gesprochen *haben*
Konj.	I Präs.	ich	spreche	du	sprechest	er	spreche
	II Prät.	ich	spräche	du	sprächest	er	spräche
	I Perf.	ich *habe*	gesprochen	du *habest*	gesprochen	er *habe*	gesprochen
	II Plus.	ich *hätte*	gesprochen	du *hättest*	gesprochen	er *hätte*	gesprochen
	I Fut. I	ich *werde*	sprechen	du *werdest*	sprechen	er *werde*	sprechen
	II Fut. I	ich *würde*	sprechen	du *würdest*	sprechen	er *würde*	sprechen
	I Fut.II	ich *werde*	gesprochen *haben*	du *werdest*	gesprochen *haben*	er *werde*	gesprochen *haben*
	II Fut.II	ich *würde*	gesprochen *haben*	du *würdest*	gesprochen *haben*	er *würde*	gesprochen *haben*
Imp.			-		sprich		-
Inf.	Präs.		sprechen				
	Perf.		gesprochen *haben*				
	Fut.I		sprechen *werden*				
	Fut.II		gesprochen *haben werden*				
Part.	Präs.		sprechend				
	Perf.		gesprochen				

Ebenso konjugiert werden die Zusammensetzungen von sprechen sowie bergen, bersten, brechen, gel ihren Zusammensetzungen entfällt die Endung -t in der 3. Person Singular des Indikativ Präsens (er Verbstamm -e eingefügt (ihr geltet, ihr galtet, geltet). Bei bersten und seinen Zusammensetzungen ent ritum von schelten lautet ich schölte etc. Bei gelten existieren zwei Formen gälte auch gölte etc.

| **spre*chen* - spri*chst* - sprach - spreche - spräche - *gesprochen***

1. Person Plural		2. Person Plural		3. Person Plural	
wir	sprech*en*	ihr	sprech*t*	sie	sprech*en*
wir	**sprachen**	ihr	**spracht**	sie	**sprachen**
wir *haben*	*gesprochen*	ihr *habt*	*gesprochen*	sie *haben*	*gesprochen*
wir *hatten*	*gesprochen*	ihr *hattet*	*gesprochen*	sie *hatten*	*gesprochen*
wir *werden*	sprech*en*	ihr *werdet*	sprech*en*	sie *werden*	sprech*en*
wir *werden*	*gesprochen haben*	ihr *werdet*	*gesprochen haben*	sie *werden*	*gesprochen haben*
wir	sprech*en*	ihr	sprech*et*	sie	sprech*en*
wir	**sprächen**	ihr	**sprächet**	sie	**sprächen**
wir *haben*	*gesprochen*	ihr *habet*	*gesprochen*	sie *haben*	*gesprochen*
wir *hätten*	*gesprochen*	ihr *hättet*	*gesprochen*	sie *hätten*	*gesprochen*
wir *werden*	sprech*en*	ihr *werdet*	sprech*en*	sie *werden*	sprech*en*
wir *würden*	sprech*en*	ihr *würdet*	sprech*en*	sie *würden*	sprech*en*
wir *werden*	*gesprochen haben*	ihr *werdet*	*gesprochen haben*	sie *werden*	*gesprochen haben*
wir *würden*	*gesprochen haben*	ihr *würdet*	*gesprochen haben*	sie *würden*	*gesprochen haben*
	-		sprech*t*		-

ten, schelten, stechen und ihre Zusammensetzungen. Bei bersten, gelten und schelten und **birs***t*, er **gil***t*, er **schil***t*). Vor allen sonstigen Endungen, die mit -t beginnen wird nach dem fällt die Endung -st in der 2. Person Singular des Präsens (du birst). Der Konjunktiv II Präte-

bergen, bersten, brechen, gelten, schelten, sprechen, stechen

36. Werf*en*

Mod.	Zeit	1. Person Singular			2. Person Singular			3. Person Singular		
Ind.	Präs.	ich	werf*e*		du	wirf*st*		er	wirf*t*	
	Prät.	ich	warf		du	warfst		er	warf	
	Perf.	ich *habe*	geworfen		du *hast*	geworfen		er *hat*	geworfen	
	Plus.	ich *hatte*	geworfen		du *hattest*	geworfen		er *hatte*	geworfen	
	Fut. I	ich *werde*	werf*en*		du *wirst*	werf*en*		er *wird*	werf*en*	
	Fut. II	ich *werde*	geworfen	*haben*	du *wirst*	geworfen	*haben*	er *wird*	geworfen	*haben*
Konj.	I Präs.	ich	werf*e*		du	werf*est*		er	werf*e*	
	II Prät.	ich	würfe		du	würfest		er	würfe	
	I Perf.	ich *habe*	geworfen		du *habest*	geworfen		er *habe*	geworfen	
	II Plus.	ich *hätte*	geworfen		du *hättest*	geworfen		er *hätte*	geworfen	
	I Fut. I	ich *werde*	werf*en*		du *werdest*	werf*en*		er *werde*	werf*en*	
	II Fut. I	ich *würde*	werf*en*		du *würdest*	werf*en*		er *würde*	werf*en*	
	I Fut.II	ich *werde*	geworfen	*haben*	du *werdest*	geworfen	*haben*	er *werde*	geworfen	*haben*
	II Fut.II	ich *würde*	geworfen	*haben*	du *würdest*	geworfen	*haben*	er *würde*	geworfen	*haben*
Imp.			-			wirf			-	
Inf.	Präs.		werf*en*							
	Perf.		geworfen	*haben*						
	Fut.I		werf*en*	*werden*						
	Fut.II		geworfen	*haben*	*werden*					
Part.	Präs.		werf*end*							
	Perf.		geworfen							

Ebenso konjugiert werden die Zusammensetzungen von werfen sowie sterben, verderben und werben und

1. Person Plural			2. Person Plural			3. Person Plural		
wir	werf*en*		ihr	werf*t*		sie	werf*en*	
wir	**warfen**		ihr	**warft**		sie	**warfen**	
wir *haben*	geworf*en*		ihr *habt*	geworf*en*		sie *haben*	geworf*en*	
wir *hatten*	geworf*en*		ihr *hattet*	geworf*en*		sie *hatten*	geworf*en*	
wir *werden*	werfen		ihr *werdet*	werfen		sie *werden*	werfen	
wir *werden*	geworf*en*	*haben*	ihr *werdet*	geworf*en*	*haben*	sie *werden*	geworf*en*	*haben*
wir	werf*en*		ihr	werf*et*		sie	werf*en*	
wir	**würfen**		ihr	**würfet**		sie	**würfen**	
wir *haben*	geworf*en*		ihr *habet*	geworf*en*		sie *haben*	geworf*en*	
wir *hätten*	geworf*en*		ihr *hättet*	geworf*en*		sie *hätten*	geworf*en*	
wir *werden*	werfen		ihr *werdet*	werfen		sie *werden*	werfen	
wir *würden*	werfen		ihr *würdet*	werfen		sie *würden*	werfen	
wir *werden*	geworf*en*	*haben*	ihr *werdet*	geworf*en*	*haben*	sie *werden*	geworf*en*	*haben*
wir *würden*	geworf*en*	*haben*	ihr *würdet*	geworf*en*	*haben*	sie *würden*	geworf*en*	*haben*
	-			werf*t*			-	

deren Zusammensetzungen.

sterben, verderben,
werben, werfen

37. Nehmen

Mod.	Zeit	1. Person Singular		2. Person Singular		3. Person Singular	
Ind.	Präs.	ich	nehme	du	nimmst	er	nimmt
	Prät.	ich	nahm	du	nahmst	er	nahm
	Perf.	ich *habe*	genommen	du *hast*	genommen	er *hat*	genommen
	Plus.	ich *hatte*	genommen	du *hattest*	genommen	er *hatte*	genommen
	Fut. I	ich *werde*	nehmen	du *wirst*	nehmen	er *wird*	nehmen
	Fut. II	ich *werde*	genommen *haben*	du *wirst*	genommen *haben*	er *wird*	genommen *haben*
Konj.	I Präs.	ich	nehme	du	nehmest	er	nehme
	II Prät.	ich	nähme	du	nähmest	er	nähme
	I Perf.	ich *habe*	genommen	du *habest*	genommen	er *habe*	genommen
	II Plus.	ich *hätte*	genommen	du *hättest*	genommen	er *hätte*	genommen
	I Fut. I	ich *werde*	nehmen	du *werdest*	nehmen	er *werde*	nehmen
	II Fut. I	ich *würde*	nehmen	du *würdest*	nehmen	er *würde*	nehmen
	I Fut.II	ich *werde*	genommen *haben*	du *werdest*	genommen *haben*	er *werde*	genommen *haben*
	II Fut.II	ich *würde*	genommen *haben*	du *würdest*	genommen *haben*	er *würde*	genommen *haben*
Imp.			-		nimm		-

Mod.	Zeit	
Inf.	Präs.	nehmen
	Perf.	genommen *haben*
	Fut.I	nehmen *werden*
	Fut.II	genommen *haben werden*
Part.	Präs.	nehmend
	Perf.	genommen

Ebenso konjugiert werden die Zusammensetzungen von nehmen.

1. Person Plural			2. Person Plural			3. Person Plural		
wir	nehmen		ihr	nehmt		sie	nehmen	
wir	**nahmen**		ihr	**nahmt**		sie	**nahmen**	
wir *haben*	genommen		ihr *habt*	genommen		sie *haben*	genommen	
wir *hatten*	genommen		ihr *hattet*	genommen		sie *hatten*	genommen	
wir *werden*	nehmen		ihr *werdet*	nehmen		sie *werden*	nehmen	
wir *werden*	genommen	*haben*	ihr *werdet*	genommen	*haben*	sie *werden*	genommen	*haben*
wir	nehmen		ihr	nehmet		sie	nehmen	
wir	**nähmen**		ihr	**nähmet**		sie	**nähmen**	
wir *haben*	genommen		ihr *habet*	genommen		sie *haben*	genommen	
wir *hätten*	genommen		ihr *hättet*	genommen		sie *hätten*	genommen	
wir *werden*	nehmen		ihr *werdet*	nehmen		sie *werden*	nehmen	
wir *würden*	nehmen		ihr *würdet*	nehmen		sie *würden*	nehmen	
wir *werden*	genommen	*haben*	ihr *werdet*	genommen	*haben*	sie *werden*	genommen	*haben*
wir *würden*	genommen	*haben*	ihr *würdet*	genommen	*haben*	sie *würden*	genommen	*haben*
-			nehmt			-		

38. Helfen

Mod.	Zeit	1. Person Singular			2. Person Singular			3. Person Singular		
Ind.	Präs.	ich	helfe		du	hilfst		er	hilft	
	Prät.	ich	half		du	halfst		er	half	
	Perf.	ich *habe*	geholfen		du *hast*	geholfen		er *hat*	geholfen	
	Plus.	ich *hatte*	geholfen		du *hattest*	geholfen		er *hatte*	geholfen	
	Fut. I	ich *werde*	helfen		du *wirst*	helfen		er *wird*	helfen	
	Fut. II	ich *werde*	geholfen	*haben*	du *wirst*	geholfen	*haben*	er *wird*	geholfen	*haben*
Konj.	I Präs.	ich	helfe		du	helfest		er	helfe	
	II Prät.	ich ich	hülfe hälfe		du du	hülfest hälfest		er er	hülfe hälfe	
	I Perf.	ich *habe*	geholfen		du *habest*	geholfen		er *habe*	geholfen	
	II Plus.	ich *hätte*	geholfen		du *hättest*	geholfen		er *hätte*	geholfen	
	I Fut. I	ich *werde*	helfen		du *werdest*	helfen		er *werde*	helfen	
	II Fut. I	ich *würde*	helfen		du *würdest*	helfen		er *würde*	helfen	
	I Fut.II	ich *werde*	geholfen	*haben*	du *werdest*	geholfen	*haben*	er *werde*	geholfen	*haben*
	II Fut.II	ich *würde*	geholfen	*haben*	du *würdest*	geholfen	*haben*	er *würde*	geholfen	*haben*
Imp.			-			hilf			-	

Mod.	Zeit			
Inf.	Präs.	helfen		
	Perf.	geholfen	*haben*	
	Fut.I	helfen	*werden*	
	Fut.II	geholfen	*haben*	*werden*
Part.	Präs.	helfend		
	Perf.	geholfen		

Ebenso konjugiert werden die Zusammensetzungen von helfen.

1. Person Plural			2. Person Plural			3. Person Plural		
wir	helf*en*		ihr	helf*t*		sie	helf*en*	
wir	**halfen**		ihr	**halft**		sie	**halfen**	
wir *haben*	*geholfen*		ihr *habt*	*geholfen*		sie *haben*	*geholfen*	
wir *hatten*	*geholfen*		ihr *hattet*	*geholfen*		sie *hatten*	*geholfen*	
wir *werden*	helfen		ihr *werdet*	helfen		sie *werden*	helfen	
wir *werden*	*geholfen*	*haben*	ihr *werdet*	*geholfen*	*haben*	sie *werden*	*geholfen*	*haben*
wir	helf*en*		ihr	helf*et*		sie	helf*en*	
wir wir	**hülfen** **hälfen**		ihr ihr	**hülfet** **hälfet**		sie sie	**hülfen** **hälfen**	
wir *haben*	*geholfen*		ihr *habet*	*geholfen*		sie *haben*	*geholfen*	
wir *hätten*	*geholfen*		ihr *hättet*	*geholfen*		sie *hätten*	*geholfen*	
wir *werden*	helfen		ihr *werdet*	helfen		sie *werden*	helfen	
wir *würden*	helfen		ihr *würdet*	helfen		sie *würden*	helfen	
wir *werden*	*geholfen*	*haben*	ihr *werdet*	*geholfen*	*haben*	sie *werden*	*geholfen*	*haben*
wir *würden*	*geholfen*	*haben*	ihr *würdet*	*geholfen*	*haben*	sie *würden*	*geholfen*	*haben*
-			helf*t*			-		

39. Fechten

Mod.	Zeit	1. Person Singular		2. Person Singular		3. Person Singular	
Ind.	Präs.	ich	fechte	du	fich(t)st	er	ficht
	Prät.	ich	focht	du	fochtest	er	focht
	Perf.	ich habe	gefochten	du hast	gefochten	er hat	gefochten
	Plus.	ich hatte	gefochten	du hattest	gefochten	er hatte	gefochten
	Fut. I	ich werde	fechten	du wirst	fechten	er wird	fechten
	Fut. II	ich werde	gefochten haben	du wirst	gefochten haben	er wird	gefochten haben
Konj.	I Präs.	ich	fechte	du	fechtest	er	fechte
	II Prät.	ich	föchte	du	föchtest	er	föchte
	I Perf.	ich habe	gefochten	du habest	gefochten	er habe	gefochten
	II Plus.	ich hätte	gefochten	du hättest	gefochten	er hätte	gefochten
	I Fut. I	ich werde	fechten	du werdest	fechten	er werde	fechten
	II Fut. I	ich würde	fechten	du würdest	fechten	er würde	fechten
	I Fut.II	ich werde	gefochten haben	du werdest	gefochten haben	er werde	gefochten haben
	II Fut.II	ich würde	gefochten haben	du würdest	gefochten haben	er würde	gefochten haben
Imp.			-		ficht		-
Inf.	Präs.		fechten				
	Perf.		gefochten haben				
	Fut.I		fechten werden				
	Fut.II		gefochten haben werden				
Part.	Präs.		fechtend				
	Perf.		gefochten				

Ebenso konjugiert werden die Zusammensetzungen von fechten sowie flechten und seine Zusammen schen, quellen, schwellen und schmelzen. Bei fechten und flechten und ihren Zusammensetzungen ent- Vor den Endungen, die mit -t beginnen wird nach dem Verbstamm -e eingefügt (ihr flechtet). Bei den stamm nicht auf -t endet (er drischt und ihr drescht). Bei schmelzen und seinen Zusammensetzungen schmilzt). Bewegen wird in ursprünglicher Bedeutung regelmäßig konjugiert. Das Partizip Perfekt lautet Bedeutung regelmäßig konjugiert (sie quellte *das Gemnüse)*.

1. Person Plural	2. Person Plural	3. Person Plural
wir fechten	ihr fechtet	sie fechten
wir **fochten**	ihr **fochtet**	sie **fochten**
wir *haben* gefochten	ihr *habt* gefochten	sie *haben* gefochten
wir *hatten* gefochten	ihr *hattet* gefochten	sie *hatten* gefochten
wir *werden* fechten	ihr *werdet* fechten	sie *werden* fechten
wir *werden* gefochten *haben*	ihr *werdet* gefochten *haben*	sie *werden* gefochten *haben*
wir fechten	ihr fechtet	sie fechten
wir **föchten**	ihr **föchtet**	sie **föchten**
wir *haben* gefochten	ihr *habet* gefochten	sie *haben* gefochten
wir *hätten* gefochten	ihr *hättet* gefochten	sie *hätten* gefochten
wir *werden* fechten	ihr *werdet* fechten	sie *werden* fechten
wir *würden* fechten	ihr *würdet* fechten	sie *würden* fechten
wir *werden* gefochten *haben*	ihr *werdet* gefochten *haben*	sie *werden* gefochten *haben*
wir *würden* gefochten *haben*	ihr *würdet* gefochten *haben*	sie *würden* gefochten *haben*
-	fechtet	-

setzungen. Zu dieser Verbgruppe gehören auch bewegen in der Bedeutung veranlassen, dre-
fällt das -t des Verbstamms vor der Endung -t der 3. Person Singular des Indikativ Präsens.
anderen zu dieser Verbgruppe gehörenden Verben ist dies nicht der Fall, da deren Verb-
wird die Endung -st in der 2. Person Singular des Indikativ Präsens auf -t verkürzt (du
bewogen bzw. bewegte (ich habe bewogen, ich habe bewegt). Quellen wird in transitiver

bewegen, dreschen, fechten, flechten, quellen, schwellen, schmelzen

40. Erschrecke*n*

Mod.	Zeit	1. Person Singular		2. Person Singular		3. Person Singular	
Ind.	Präs.	ich	erschrecke	du	erschrickst	er	erschrickt
	Prät.	ich	**erschrak**	du	**erschrakst**	er	**erschrak**
	Perf.	ich *habe*	erschreck*t*	du *hast*	erschreck*t*	er *hat*	erschreck*t*
	Plus.	ich *hatte*	erschreck*t*	du *hattest*	erschreck*t*	er *hatte*	erschreck*t*
	Fut. I	ich *werde*	erschrecke*n*	du *wirst*	erschrecke*n*	er *wird*	erschrecke*n*
	Fut. II	ich *werde*	erschreck*t haben*	du *wirst*	erschreck*t haben*	er *wird*	erschreck*t haben*
Konj.	I Präs.	ich	erschrecke	du	erschreck*st*	er	erschrecke
	II Prät.	ich	**erschräk**	du	**erschräk**	er	**erschräk**
	I Perf.	ich *habe*	erschreck*t*	du *habest*	erschreck*t*	er *habe*	erschreck*t*
	II Plus.	ich *hätte*	erschreck*t*	du *hättest*	erschreck*t*	er *hätte*	erschreck*t*
	I Fut. I	ich *werde*	erschrecke*n*	du *werdest*	erschrecke*n*	er *werde*	erschrecke*n*
	II Fut. I	ich *würde*	erschrecke*n*	du *würdest*	erschrecke*n*	er *würde*	erschrecke*n*
	I Fut.II	ich *werde*	erschreck*t haben*	du *werdest*	erschreck*t haben*	er *werde*	erschreck*t haben*
	II Fut.II	ich *würde*	erschreck*t haben*	du *würdest*	erschreck*t haben*	er *würde*	erschreck*t haben*
Imp.			-		erschrecke		-
Inf.	Präs.		erschrecke*n*				
	Perf.		erschreck*t haben*				
	Fut.I		erschrecke*n werden*				
	Fut.II		erschreck*t haben werden*				
Part.	Präs.		erschrecke*nd*				
	Perf.		erschreck*t*				

Ebenso konjugiert werden aufschrecken, hochschrecken, zurückschrecken und zusammenschrecken, ge- gebildet (hochgeschreckt). Es ist zu beachten, dass erschrecken als intransitives Verb mit sein konju giert werden kann stecken, wenn es in der Bedeutung sich in etwas befinden verwendet wird. In der

| erschrecken - erschrickst - erschrak - erschrecke - erschräke - erschreckt

1. Person Plural		2. Person Plural		3. Person Plural	
wir	erschrecken	ihr	erschreckt	sie	erschrecken
wir	**erschraken**	ihr	**erschrakt**	sie	**erschraken**
wir *haben*	erschreckt	ihr *habt*	erschreckt	sie *haben*	erschreckt
wir *hatten*	erschreckt	ihr *hattet*	erschreckt	sie *hatten*	erschreckt
wir *werden*	erschrecken	ihr *werdet*	erschrecken	sie *werden*	erschrecken
wir *werden*	erschreckt *haben*	ihr *werdet*	erschreckt *haben*	sie *werden*	erschreckt *haben*
wir	erschrecken	ihr	erschrecket	sie	erschrecken
wir	**erschräken**	ihr	**erschräket**	sie	**erschräken**
wir *haben*	erschreckt	ihr *habet*	erschreckt	sie *haben*	erschreckt
wir *hätten*	erschreckt	ihr *hättet*	erschreckt	sie *hätten*	erschreckt
wir *werden*	erschrecken	ihr *werdet*	erschrecken	sie *werden*	erschrecken
wir *würden*	erschrecken	ihr *würdet*	erschrecken	sie *würden*	erschrecken
wir *werden*	erschreckt *haben*	ihr *werdet*	erschreckt *haben*	sie *werden*	erschreckt *haben*
wir *würden*	erschreckt *haben*	ihr *würdet*	erschreckt *haben*	sie *würden*	erschreckt *haben*
	-		erschreckt		-

die auch regelmäßig konjugiert werden können. Das Partizip Perfekt dieser Verben wird mit giert wird und im Partizip Perfekt erschrocken lautet (ich **bin** erschrocken). Ebenso konju- Bedeutung festheften wird es regelmäßig verwendet (ich steckte).

aufschrecken, erschrecken, hochschrecken, stecken, zurückschrecken, zusammenschrecken

41. Heben

Mod.	Zeit	1. Person Singular			2. Person Singular			3. Person Singular		
Ind.	Präs.	ich	hebe		du	hebst		er	hebt	
	Prät.	ich	hob		du	hobst		er	hob	
	Perf.	ich *habe*	gehoben		du *hast*	gehoben		er *hat*	gehoben	
	Plus.	ich *hatte*	gehoben		du *hattest*	gehoben		er *hatte*	gehoben	
	Fut. I	ich *werde*	heben		du *wirst*	heben		er *wird*	heben	
	Fut. II	ich *werde*	gehoben	*haben*	du *wirst*	gehoben	*haben*	er *wird*	gehoben	*haben*
Konj.	I Präs.	ich	hebe		du	hebest		er	hebe	
	II Prät.	ich	höbe		du	höbest		er	höbe	
	I Perf.	ich *habe*	gehoben		du *habest*	gehoben		er *habe*	gehoben	
	II Plus.	ich *hätte*	gehoben		du *hättest*	gehoben		er *hätte*	gehoben	
	I Fut. I	ich *werde*	heben		du *werdest*	heben		er *werde*	heben	
	II Fut. I	ich *würde*	heben		du *würdest*	heben		er *würde*	heben	
	I Fut.II	ich *werde*	gehoben	*haben*	du *werdest*	gehoben	*haben*	er *werde*	gehoben	*haben*
	II Fut.II	ich *würde*	gehoben	*haben*	du *würdest*	gehoben	*haben*	er *würde*	gehoben	*haben*
Imp.			-			hebe			-	
Inf.	Präs.		heben							
	Perf.		gehoben	*haben*						
	Fut.I		heben	*werden*						
	Fut.II		gehoben	*haben werden*						
Part.	Präs.		hebend							
	Perf.		gehoben							

Ebenso konjugiert werden die Zusammensetzungen von heben sowie pflegen, scheren und weben und etwas kümmern regelmäßig konjugiert (sie scherte sich fort und sie scherte sich nicht darum). Weben meist regelmäßig konjugiert. Pflegen kann lediglich in der Redewendung der Ruhe pflegen wie heben

1. Person Plural			2. Person Plural			3. Person Plural		
wir	heben		ihr	hebt		sie	heben	
wir	**hoben**		ihr	**hobt**		sie	**hoben**	
wir *haben*	gehoben		ihr *habt*	gehoben		sie *haben*	gehoben	
wir *hatten*	gehoben		ihr *hattet*	gehoben		sie *hatten*	gehoben	
wir *werden*	heben		ihr *werdet*	heben		sie *werden*	heben	
wir *werden*	gehoben	*haben*	ihr *werdet*	gehoben	*haben*	sie *werden*	gehoben	*haben*
wir	heben		ihr	hebet		sie	heben	
wir	**höben**		ihr	**höbet**		sie	**höben**	
wir *haben*	gehoben		ihr *habet*	gehoben		sie *haben*	gehoben	
wir *hätten*	gehoben		ihr *hättet*	gehoben		sie *hätten*	gehoben	
wir *werden*	heben		ihr *werdet*	heben		sie *werden*	heben	
wir *würden*	heben		ihr *würdet*	heben		sie *würden*	heben	
wir *werden*	gehoben	*haben*	ihr *werdet*	gehoben	*haben*	sie *werden*	gehoben	*haben*
wir *würden*	gehoben	*haben*	ihr *würdet*	gehoben	*haben*	sie *würden*	gehoben	*haben*
	-			hebt			-	

ihre Zusammensetzungen. Scheren wird in den Bedeutungen sich davonmachen, sich um wird vor allem in gehobener Sprache so wie hier dargestellt konjugiert. Ansonsten wird es konjugiert werden (du pflogst der Ruhe).

heben, pflegen, scheren, weben

42. Gehen

Mod.	Zeit	1. Person Singular		2. Person Singular		3. Person Singular	
Ind.	Präs.	ich	gehe	du	gehst	er	geht
	Prät.	ich	ging	du	gingst	er	ging
	Perf.	ich bin	gegangen	du bist	gegangen	er ist	gegangen
	Plus.	ich war	gegangen	du warst	gegangen	er war	gegangen
	Fut. I	ich werde	gehen	du wirst	gehen	er wird	gehen
	Fut. II	ich werde	gegangen sein	du wirst	gegangen sein	er wird	gegangen sein
Konj.	I Präs.	ich	gehe	du	gehest	er	gehe
	II Prät.	ich	ginge	du	gingest	er	ginge
	I Perf.	ich sei	gegangen	du sei(e)st	gegangen	er sei	gegangen
	II Plus.	ich wäre	gegangen	du wär(e)st	gegangen	er wäre	gegangen
	I Fut. I	ich werde	gehen	du werdest	gehen	er werde	gehen
	II Fut. I	ich würde	gehen	du würdest	gehen	er würde	gehen
	I Fut.II	ich werde	gegangen sein	du werdest	gegangen sein	er werde	gegangen sein
	II Fut.II	ich würde	gegangen sein	du würdest	gegangen sein	er würde	gegangen sein
Imp.			-		gehe		-
Inf.	Präs.		gehen				
	Perf.		gegangen sein				
	Fut.I		gehen werden				
	Fut.II		gegangen sein werden				
Part.	Präs.		gehend				
	Perf.		gegangen				

Ebenso konjugiert werden die Zusammensetzungen von gehen.

1. Person Plural	2. Person Plural	3. Person Plural
wir gehen	ihr geht	sie gehen
wir gingen	ihr gingt	sie gingen
wir sind gegangen	ihr seid gegangen	sie sind gegangen
wir waren gegangen	ihr wart gegangen	sie waren gegangen
wir werden gehen	ihr werdet gehen	sie werden gehen
wir werden gegangen sein	ihr werdet gegangen sein	sie werden gegangen sein
wir gehen	ihr gehet	sie gehen
wir gingen	ihr ginget	sie gingen
wir seien gegangen	ihr seiet gegangen	sie seien gegangen
wir wären gegangen	ihr wär(e)t gegangen	sie wären gegangen
wir werden gehen	ihr werdet gehen	sie werden gehen
wir würden gehen	ihr würdet gehen	sie würden gehen
wir werden gegangen sein	ihr werdet gegangen sein	sie werden gegangen sein
wir würden gegangen sein	ihr würdet gegangen sein	sie würden gegangen sein
-	geht	-

43. Bringen

Mod.	Zeit	1. Person Singular			2. Person Singular			3. Person Singular		
Ind.	Präs.	ich	bringe		du	bringst		er	bringt	
	Prät.	ich	brachte		du	brachtest		er	brachte	
	Perf.	ich *habe*	gebracht		du *hast*	gebracht		er *hat*	gebracht	
	Plus.	ich *hatte*	gebracht		du *hattest*	gebracht		er *hatte*	gebracht	
	Fut. I	ich *werde*	bringen		du *wirst*	bringen		er *wird*	bringen	
	Fut. II	ich *werde*	gebracht	*haben*	du *wirst*	gebracht	*haben*	er *wird*	gebracht	*haben*
Konj.	I Präs.	ich	bringe		du	bringest		er	bringe	
	II Prät.	ich	brächte		du	brächtest		er	brächte	
	I Perf.	ich *habe*	gebracht		du *habest*	gebracht		er *habe*	gebracht	
	II Plus.	ich *hätte*	gebracht		du *hättest*	gebracht		er *hätte*	gebracht	
	I Fut. I	ich *werde*	bringen		du *werdest*	bringen		er *werde*	bringen	
	II Fut. I	ich *würde*	bringen		du *würdest*	bringen		er *würde*	bringen	
	I Fut.II	ich *werde*	gebracht	*haben*	du *werdest*	gebracht	*haben*	er *werde*	gebracht	*haben*
	II Fut.II	ich *würde*	gebracht	*haben*	du *würdest*	gebracht	*haben*	er *würde*	gebracht	*haben*
Imp.			-			bringe			-	
Inf.	Präs.		bringen							
	Perf.		gebracht	*haben*						
	Fut.I		bringen	*werden*						
	Fut.II		gebracht	*haben*	*werden*					
Part.	Präs.		bringend							
	Perf.		gebracht							

Ebenso konjugiert werden die Zusammensetzungen von bringen.

1. Person Plural			2. Person Plural			3. Person Plural		
wir	bringen		ihr	bringt		sie	bringen	
wir	brachten		ihr	brachtet		sie	brachten	
wir *haben*	gebracht		ihr *habt*	gebracht		sie *haben*	gebracht	
wir *hatten*	gebracht		ihr *hattet*	gebracht		sie *hatten*	gebracht	
wir *werden*	bringen		ihr *werdet*	bringen		sie *werden*	bringen	
wir *werden*	gebracht	*haben*	ihr *werdet*	gebracht	*haben*	sie *werden*	gebracht	*haben*
wir	bringen		ihr	bringet		sie	bringen	
wir	brächten		ihr	brächtet		sie	brächten	
wir *haben*	gebracht		ihr *habet*	gebracht		sie *haben*	gebracht	
wir *hätten*	gebracht		ihr *hättet*	gebracht		sie *hätten*	gebracht	
wir *werden*	bringen		ihr *werdet*	bringen		sie *werden*	bringen	
wir *würden*	bringen		ihr *würdet*	bringen		sie *würden*	bringen	
wir *werden*	gebracht	*haben*	ihr *werdet*	gebracht	*haben*	sie *werden*	gebracht	*haben*
wir *würden*	gebracht	*haben*	ihr *würdet*	gebracht	*haben*	sie *würden*	gebracht	*haben*
-				bringt		-		

44. Bitten

Mod.	Zeit	1. Person Singular			2. Person Singular			3. Person Singular		
Ind.	Präs.	ich	bitte		du	bittest		er	bittet	
	Prät.	ich	bat		du	bat(e)st		er	bat	
	Perf.	ich *habe*	gebeten		du *hast*	gebeten		er *hat*	gebeten	
	Plus.	ich *hatte*	gebeten		du *hattest*	gebeten		er *hatte*	gebeten	
	Fut. I	ich *werde*	bitten		du *wirst*	bitten		er *wird*	bitten	
	Fut. II	ich *werde*	gebeten	*haben*	du *wirst*	gebeten	*haben*	er *wird*	gebeten	*haben*
Konj.	I Präs.	ich	bitte		du	bittest		er	bitte	
	II Prät.	ich	bäte		du	bätest		er	bäte	
	I Perf.	ich *habe*	gebeten		du *habest*	gebeten		er *habe*	gebeten	
	II Plus.	ich *hätte*	gebeten		du *hättest*	gebeten		er *hätte*	gebeten	
	I Fut. I	ich *werde*	bitten		du *werdest*	bitten		er *werde*	bitten	
	II Fut. I	ich *würde*	bitten		du *würdest*	bitten		er *würde*	bitten	
	I Fut.II	ich *werde*	gebeten	*haben*	du *werdest*	gebeten	*haben*	er *werde*	gebeten	*haben*
	II Fut.II	ich *würde*	gebeten	*haben*	du *würdest*	gebeten	*haben*	er *würde*	gebeten	*haben*
Imp.		-			bitte			-		
Inf.	Präs.		bitten							
	Perf.		gebeten	*haben*						
	Fut.I		bitten	*werden*						
	Fut.II		gebeten	*haben*	*werden*					
Part.	Präs.		bittend							
	Perf.		gebeten							

Ebenso konjugiert werden die Zusammensetzungen von bitten. Es ist zu beachten, dass alle Verben, de Verbstamm -e einfügen.

| **bitten - bittest - bat - bitte- bäte - gebeten**

1. Person Plural	2. Person Plural	3. Person Plural
wir bitten	ihr bittet	sie bitten
wir baten	ihr batet	sie baten
wir *haben* gebeten	ihr *habt* gebeten	sie *haben* gebeten
wir *hatten* gebeten	ihr *hattet* gebeten	sie *hatten* gebeten
wir *werden* bitten	ihr *werdet* bitten	sie *werden* bitten
wir *werden* gebeten *haben*	ihr *werdet* gebeten *haben*	sie *werden* gebeten *haben*
wir bitten	ihr bittet	sie bitten
wir bäten	ihr bätet	sie bäten
wir *haben* gebeten	ihr *habet* gebeten	sie *haben* gebeten
wir *hätten* gebeten	ihr *hättet* gebeten	sie *hätten* gebeten
wir *werden* bitten	ihr *werdet* bitten	sie *werden* bitten
wir *würden* bitten	ihr *würdet* bitten	sie *würden* bitten
wir *werden* gebeten *haben*	ihr *werdet* gebeten *haben*	sie *werden* gebeten *haben*
wir *würden* gebeten *haben*	ihr *würdet* gebeten *haben*	sie *würden* gebeten *haben*
-	bittet	-

ren Verbstamm auf -t endet, vor allen Endungen, die mit -t oder -s beginnen nach dem

45. Sitzen

Mod.	Zeit	1. Person Singular		2. Person Singular		3. Person Singular	
Ind.	Präs.	ich	sitze	du	sitzt	er	sitzt
	Prät.	ich	saß	du	saßest	er	saß
	Perf.	ich habe	gesessen	du hast	gesessen	er hat	gesessen
	Plus.	ich hatte	gesessen	du hattest	gesessen	er hatte	gesessen
	Fut. I	ich werde	sitzen	du wirst	sitzen	er wird	sitzen
	Fut. II	ich werde	gesessen haben	du wirst	gesessen haben	er wird	gesessen haben
Konj.	I Präs.	ich	sitze	du	sitzest	er	sitze
	II Prät.	ich	säße	du	säßest	er	säße
	I Perf.	ich habe	gesessen	du habest	gesessen	er habe	gesessen
	II Plus.	ich hätte	gesessen	du hättest	gesessen	er hätte	gesessen
	I Fut. I	ich werde	sitzen	du werdest	sitzen	er werde	sitzen
	II Fut. I	ich würde	sitzen	du würdest	sitzen	er würde	sitzen
	I Fut.II	ich werde	gesessen haben	du werdest	gesessen haben	er werde	gesessen haben
	II Fut.II	ich würde	gesessen haben	du würdest	gesessen haben	er würde	gesessen haben
Imp.			-		sitze		-
Inf.	Präs.		sitzen				
	Perf.		gesessen haben				
	Fut.I		sitzen werden				
	Fut.II		gesessen haben werden				
Part.	Präs.		sitzend				
	Perf.		gesessen				

Ebenso konjugiert werden die Zusammensetzungen von sitzen. Es ist zu beachten, dass bei den Verben, Präsens auf -t verkürzt wird.

1. Person Plural			2. Person Plural			3. Person Plural		
wir	sitz*en*		ihr	sitz*t*		sie	sitz*en*	
wir	**saßen**		ihr	**saßt**		sie	**saßen**	
wir *haben*	*ge*s**essen**		ihr *habt*	*ge*s**essen**		sie *haben*	*ge*s**essen**	
wir *hatten*	*ge*s**essen**		ihr *hattet*	*ge*s**essen**		sie *hatten*	*ge*s**essen**	
wir *werden*	sitz*en*		ihr *werdet*	sitz*en*		sie *werden*	sitz*en*	
wir *werden*	*ge*s**essen**	*haben*	ihr *werdet*	*ge*s**essen**	*haben*	sie *werden*	*ge*s**essen**	*haben*
wir	sitz*en*		ihr	sitz*et*		sie	sitz*en*	
wir	**säßen**		ihr	**säßet**		sie	**säßen**	
wir *haben*	*ge*s**essen**		ihr *habet*	*ge*s**essen**		sie *haben*	*ge*s**essen**	
wir *hätten*	*ge*s**essen**		ihr *hättet*	*ge*s**essen**		sie *hätten*	*ge*s**essen**	
wir *werden*	sitz*en*		ihr *werdet*	sitz*en*		sie *werden*	sitz*en*	
wir *würden*	sitz*en*		ihr *würdet*	sitz*en*		sie *würden*	sitz*en*	
wir *werden*	*ge*s**essen**	*haben*	ihr *werdet*	*ge*s**essen**	*haben*	sie *werden*	*ge*s**essen**	*haben*
wir *würden*	*ge*s**essen**	*haben*	ihr *würdet*	*ge*s**essen**	*haben*	sie *würden*	*ge*s**essen**	*haben*
-			sitz*t*			-		

deren Verbstamm auf -z endet, das -st der Endung in der 2. Person Singular im Indikativ

sitzen

46. Beginn*en*

Mod.	Zeit	1. Person Singular	2. Person Singular	3. Person Singular
Ind.	Präs.	ich beginn*e*	du beginn*st*	er beginn*t*
	Prät.	ich begann	du begannst	er begann
	Perf.	ich *habe* begonnen	du *hast* begonne	er *hat* begonnen
	Plus.	ich *hatte* begonnen	du *hattest* begonne	er *hatte* begonnen
	Fut. I	ich *werde* beginn*en*	du *wirst* beginn*en*	er *wird* beginn*en*
	Fut. II	ich *werde* begonnen *haben*	du *wirst* begonne *haben*	er *wird* begonnen *haben*
Konj.	I Präs.	ich beginn*e*	du beginn*est*	er beginn*e*
	II Prät.	ich begänne ich begönne	du begännest du begönnest	er begänne er begönne
	I Perf.	ich *habe* begonnen	du *habest* begonne	er *habe* begonnen
	II Plus.	ich *hätte* begonnen	du *hättest* begonne	er *hätte* begonnen
	I Fut. I	ich *werde* beginn*en*	du *werdest* beginn*en*	er *werde* beginn*en*
	II Fut. I	ich *würde* beginn*en*	du *würdest* beginn*en*	er *würde* beginn*en*
	I Fut.II	ich *werde* begonnen *haben*	du *werdest* begonne *haben*	er *werde* begonnen *haben*
	II Fut.II	ich *würde* begonnen *haben*	du *würdest* begonne *haben*	er *würde* begonnen *haben*
Imp.		-	beginn*e*	-
Inf.	Präs.	beginn*en*		
	Perf.	begonnen *haben*		
	Fut.I	beginn*en* *werden*		
	Fut.II	begonnen *haben* *werden*		
Part.	Präs.	beginn*end*		
	Perf.	begonnen		

Ebenso konjugiert werden die Zusammensetzungen von beginnen sowie gewinnen, rinnen, schwimmen winnen im Partizip Perfekt kein ge- erhalten (begonnen und gewonnen aber geronnen, geschwommen,

| beginnen - beginnst - begann - beginne - begänne - begonnen

1. Person Plural		2. Person Plural		3. Person Plural	
wir	beginnen	ihr	beginnt	sie	beginnen
wir	begannen	ihr	begannt	sie	begannen
wir *haben*	begonnen	ihr *habt*	begonnen	sie *haben*	begonnen
wir *hatten*	begonnen	ihr *hattet*	begonnen	sie *hatten*	begonnen
wir *werden*	beginnen	ihr *werdet*	beginnen	sie *werden*	beginnen
wir *werden*	begonnen *haben*	ihr *werdet*	begonnen *haben*	sie *werden*	begonnen *haben*
wir	beginnen	ihr	beginnet	sie	beginnen
wir wir	begännen begönnen	ihr ihr	begännet begönnet	sie sie	begännen begönnen
wir *haben*	begonnen	ihr *habet*	begonnen	sie *haben*	begonnen
wir *hätten*	begonnen	ihr *hättet*	begonnen	sie *hätten*	begonnen
wir *werden*	beginnen	ihr *werdet*	beginnen	sie *werden*	beginnen
wir *würden*	beginnen	ihr *würdet*	beginnen	sie *würden*	beginnen
wir *werden*	begonnen *haben*	ihr *werdet*	begonnen *haben*	sie *werden*	begonnen *haben*
wir *würden*	begonnen *haben*	ihr *würdet*	begonnen *haben*	sie *würden*	begonnen *haben*
-		beginnt		-	

sinnen, spinnen und ihre Zusammensetzungen. Es ist zu beachten, dass beginnen und ge-
gesonnen, gesponnen).

beginnen, gewinnen,
rinnen, schwimmen,
sinnen, spinnen

47. Trink*en*

Mod.	Zeit	1. Person Singular		2. Person Singular		3. Person Singular	
Ind.	Präs.	ich	trinke	du	trink*st*	er	trink*t*
	Prät.	ich	trank	du	trankst	er	trank
	Perf.	ich *habe*	getrunk*en*	du *hast*	getrunk*en*	er *hat*	getrunk*en*
	Plus.	ich *hatte*	getrunk*en*	du *hattest*	getrunk*en*	er *hatte*	getrunk*en*
	Fut. I	ich *werde*	trink*en*	du *wirst*	trink*en*	er *wird*	trink*en*
	Fut. II	ich *werde*	getrunk*en* *haben*	du *wirst*	getrunk*en* *haben*	er *wird*	getrunk*en* *haben*
Konj.	I Präs.	ich	trinke	du	trink*est*	er	trinke
	II Prät.	ich	tränke	du	tränkest	er	tränke
	I Perf.	ich *habe*	getrunk*en*	du *habest*	getrunk*en*	er *habe*	getrunk*en*
	II Plus.	ich *hätte*	getrunk*en*	du *hättest*	getrunk*en*	er *hätte*	getrunk*en*
	I Fut. I	ich *werde*	trink*en*	du *werdest*	trink*en*	er *werde*	trink*en*
	II Fut. I	ich *würde*	trink*en*	du *würdest*	trink*en*	er *würde*	trink*en*
	I Fut.II	ich *werde*	getrunk*en* *haben*	du *werdest*	getrunk*en* *haben*	er *werde*	getrunk*en* *haben*
	II Fut.II	ich *würde*	getrunk*en* *haben*	du *würdest*	getrunk*en* *haben*	er *würde*	getrunk*en* *haben*
Imp.			-		trinke		-
Inf.	Präs.		trink*en*				
	Perf.		getrunk*en* *haben*				
	Fut.I		trink*en* *werden*				
	Fut.II		getrunk*en* *haben* *werden*				
Part.	Präs.		trink*end*				
	Perf.		getrunk*en*				

Ebenso konjugiert werden die Zusammensetzungen von trinken sowie binden, dringen, empfinden, fin springen, stinken, winden, wringen, zwingen und ihre Zusammensetzungen. Bei binden, finden, empfin oder -s beginnen nach dem Verbstamm -e eingefügt (du find*est*, ihr find*et*). Bei empfinden, gelingen

| **trinken - trinkst - trank - trinke - tränke - getrunken**

1. Person Plural		2. Person Plural		3. Person Plural	
wir	trinken	ihr	trinkt	sie	trinken
wir	**tranken**	ihr	**trankt**	sie	**tranken**
wir *haben*	getrunken	ihr *habt*	getrunken	sie *haben*	getrunken
wir *hatten*	getrunken	ihr *hattet*	getrunken	sie *hatten*	getrunken
wir *werden*	trinken	ihr *werdet*	trinken	sie *werden*	trinken
wir *werden*	getrunken *haben*	ihr *werdet*	getrunken *haben*	sie *werden*	getrunken *haben*
wir	trinken	ihr	trinket	sie	trinken
wir	**tränken**	ihr	**tränket**	sie	**tränken**
wir *haben*	getrunken	ihr *habet*	getrunken	sie *haben*	getrunken
wir *hätten*	getrunken	ihr *hättet*	getrunken	sie *hätten*	getrunken
wir *werden*	trinken	ihr *werdet*	trinken	sie *werden*	trinken
wir *würden*	trinken	ihr *würdet*	trinken	sie *würden*	trinken
wir *werden*	getrunken *haben*	ihr *werdet*	getrunken *haben*	sie *werden*	getrunken *haben*
wir *würden*	getrunken *haben*	ihr *würdet*	getrunken *haben*	sie *würden*	getrunken *haben*
	-		trinkt		-

den, gelingen, klingen, misslingen ringen, schlingen, schwinden, schwingen, singen, sinken, den, schwinden, winden und ihren Zusammensetzungen wird vor den Endungen, die mit -t und misslingen entfällt ge- im Partizip Perfekt (empfunden, gelungen, misslungen).

binden, dringen, empfinden, finden, gelingen, klingen, misslingen, ringen, schlingen, schwinden, schwingen, singen, sinken, springen, stinken, trinken, winden, wringen, zwingen

48. Erklimmen

Mod.	Zeit	1. Person Singular		2. Person Singular		3. Person Singular	
Ind.	Präs.	ich	erklimme	du	erklimmst	er	erklimmt
	Prät.	ich	erklomm	du	erklommst	er	erklomm
	Perf.	ich *habe*	erklommen	du *hast*	erklommen	er *hat*	erklommen
	Plus.	ich *hatte*	erklommen	du *hattest*	erklommen	er *hatte*	erklommen
	Fut. I	ich *werde*	erklimmen	du *wirst*	erklimmen	er *wird*	erklimmen
	Fut. II	ich *werde*	erklommen *haben*	du *wirst*	erklommen *haben*	er *wird*	erklommen *haben*
Konj.	I Präs.	ich	erklimme	du	erklimmst	er	erklimme
	II Prät.	ich	erklömme	du	erklömmest	er	erklömme
	I Perf.	ich *habe*	erklommen	du *habest*	erklommen	er *habe*	erklommen
	II Plus.	ich *hätte*	erklommen	du *hättest*	erklommen	er *hätte*	erklommen
	I Fut. I	ich *werde*	erklimmen	du *werdest*	erklimmen	er *werde*	erklimmen
	II Fut. I	ich *würde*	erklimmen	du *würdest*	erklimmen	er *würde*	erklimmen
	I Fut.II	ich *werde*	erklommen *haben*	du *werdest*	erklommen *haben*	er *werde*	erklommen *haben*
	II Fut.II	ich *würde*	erklommen *haben*	du *würdest*	erklommen *haben*	er *würde*	erklommen *haben*
Imp.		-			erklimme		-

Mod.	Zeit	
Inf.	Präs.	erklimmen
	Perf.	erklommen *haben*
	Fut.I	erklimmen *werden*
	Fut.II	erklommen *haben werden*
Part.	Präs.	erklimmend
	Perf.	erklommen

Ebenso konjugiert werden glimmen und klimmen, die im Partizip Perfekt geglommen und geklommen

| erklimmen - erklimmst - erklomm - erklimme - erklömme - erklommen

1. Person Plural		2. Person Plural		3. Person Plural	
wir	erklimmen	ihr	erklimmt	sie	erklimmen
wir	erklommen	ihr	erklommt	sie	erklommen
wir *haben*	erklommen	ihr *habt*	erklommen	sie *haben*	erklommen
wir *hatten*	erklommen	ihr *hattet*	erklommen	sie *hatten*	erklommen
wir *werden*	erklimmen	ihr *werdet*	erklimmen	sie *werden*	erklimmen
wir *werden*	erklommen *haben*	ihr *werdet*	erklommen *haben*	sie *werden*	erklommen *haben*
wir	erklimmen	ihr	erklimmet	sie	erklimmen
wir	erklömmen	ihr	erklömmet	sie	erklömmen
wir *haben*	erklommen	ihr *habet*	erklommen	sie *haben*	erklommen
wir *hätten*	erklommen	ihr *hättet*	erklommen	sie *hätten*	erklommen
wir *werden*	erklimmen	ihr *werdet*	erklimmen	sie *werden*	erklimmen
wir *würden*	erklimmen	ihr *würdet*	erklimmen	sie *würden*	erklimmen
wir *werden*	erklommen *haben*	ihr *werdet*	erklommen *haben*	sie *werden*	erklommen *haben*
wir *würden*	erklommen *haben*	ihr *würdet*	erklommen *haben*	sie *würden*	erklommen *haben*
-		erklimmt		-	

lauten oder auch regelmäßig konjugiert werden können.

erklimmen, glimmen, klimmen

49. Schinden

Mod.	Zeit	1. Person Singular		2. Person Singular		3. Person Singular	
Ind.	Präs.	ich	schinde	du	schindest	er	schindet
	Prät.	ich	schund	du	schundest	er	schund
	Perf.	ich *habe*	geschunden	du *hast*	geschunden	er *hat*	geschunden
	Plus.	ich *hatte*	geschunden	du *hattest*	geschunden	er *hatte*	geschunden
	Fut. I	ich *werde*	schinden	du *wirst*	schinden	er *wird*	schinden
	Fut. II	ich *werde*	geschunden *haben*	du *wirst*	geschunden *haben*	er *wird*	geschunden *haben*
Konj.	I Präs.	ich	schinde	du	schindest	er	schinde
	II Prät.	ich	schünde	du	schündest	er	schünde
	I Perf.	ich *habe*	geschunden	du *habest*	geschunden	er *habe*	geschunden
	II Plus.	ich *hätte*	geschunden	du *hättest*	geschunden	er *hätte*	geschunden
	I Fut. I	ich *werde*	schinden	du *werdest*	schinden	er *werde*	schinden
	II Fut. I	ich *würde*	schinden	du *würdest*	schinden	er *würde*	schinden
	I Fut.II	ich *werde*	geschunden *haben*	du *werdest*	geschunden *haben*	er *werde*	geschunden *haben*
	II Fut.II	ich *würde*	geschunden *haben*	du *würdest*	geschunden *haben*	er *würde*	geschunden *haben*
Imp.			-		schinde		-
Inf.	Präs.		schinden				
	Perf.		geschunden *haben*				
	Fut.I		schinden *werden*				
	Fut.II		geschunden *haben werden*				
Part.	Präs.		schindend				
	Perf.		geschunden				

Es ist zu beachten, dass alle Verben, deren Verbstamm auf -d endet, vor allen Endungen, die mit -t den, wird es gebraucht, wird schinden meist regelmäßig konjugiert (ich schind*ete*).

1. Person Plural		2. Person Plural		3. Person Plural	
wir	schinden	ihr	schindet	sie	schinden
wir	**schunden**	ihr	**schundet**	sie	**schunden**
wir *haben*	geschunden	ihr *habt*	geschunden	sie *haben*	geschunden
wir *hatten*	geschunden	ihr *hattet*	geschunden	sie *hatten*	geschunden
wir *werden*	schinden	ihr *werdet*	schinden	sie *werden*	schinden
wir *werden*	geschunden *haben*	ihr *werdet*	geschunden *haben*	sie *werden*	geschunden *haben*
wir	schinden	ihr	schindet	sie	schinden
wir	**schünden**	ihr	**schündet**	sie	**schünden**
wir *haben*	geschunden	ihr *habet*	geschunden	sie *haben*	geschunden
wir *hätten*	geschunden	ihr *hättet*	geschunden	sie *hätten*	geschunden
wir *werden*	schinden	ihr *werdet*	schinden	sie *werden*	schinden
wir *würden*	schinden	ihr *würdet*	schinden	sie *würden*	schinden
wir *werden*	geschunden *haben*	ihr *werdet*	geschunden *haben*	sie *werden*	geschunden *haben*
wir *würden*	geschunden *haben*	ihr *würdet*	geschunden *haben*	sie *würden*	geschunden *haben*
	-		schindet		-

oder -s beginnen nach dem Verbstamm ein -e einfügen. Das Präteritum wird meist vermie-

50. Wissen

Mod.	Zeit	1. Person Singular	2. Person Singular	3. Person Singular
Ind.	Präs.	ich weiß	du weißt	er weiß
	Prät.	ich wusste	du wusstest	er wusste
	Perf.	ich *habe* gewusst	du *hast* gewusst	er *hat* gewusst
	Plus.	ich *hatte* gewusst	du *hattest* gewusst	er *hatte* gewusst
	Fut. I	ich *werde* wissen	du *wirst* wissen	er *wird* wissen
	Fut. II	ich *werde* gewusst *haben*	du *wirst* gewusst *haben*	er *wird* gewusst *haben*
Konj.	I Präs.	ich wisse	du wissest	er wisse
	II Prät.	ich wüsste	du wüsstest	er wüsste
	I Perf.	ich *habe* gewusst	du *habest* gewusst	er *habe* gewusst
	II Plus.	ich *hätte* gewusst	du *hättest* gewusst	er *hätte* gewusst
	I Fut. I	ich *werde* wissen	du *werdest* wissen	er *werde* wissen
	II Fut. I	ich *würde* wissen	du *würdest* wissen	er *würde* wissen
	I Fut.II	ich *werde* gewusst *haben*	du *werdest* gewusst *haben*	er *werde* gewusst *haben*
	II Fut.II	ich *würde* gewusst *haben*	du *würdest* gewusst *haben*	er *würde* gewusst *haben*
Imp.		-	wisse	-
Inf.	Präs.	wissen		
	Perf.	gewusst *haben*		
	Fut.I	wissen *werden*		
	Fut.II	gewusst *haben werden*		
Part.	Präs.	wissend		
	Perf.	gewusst		

1. Person Plural			2. Person Plural			3. Person Plural		
wir	wissen		ihr	wisst		sie	wissen	
wir	wussten		ihr	wusstet		sie	wussten	
wir *haben*	gewusst		ihr *habt*	gewusst		sie *haben*	gewusst	
wir *hatten*	gewusst		ihr *hattet*	gewusst		sie *hatten*	gewusst	
wir *werden*	wissen		ihr *werdet*	wissen		sie *werden*	wissen	
wir *werden*	gewusst	*haben*	ihr *werdet*	gewusst	*haben*	sie *werden*	gewusst	*haben*
wir	wissen		ihr	wisset		sie	wissen	
wir	wüssten		ihr	wüsstet		sie	wüssten	
wir *haben*	gewusst		ihr *habet*	gewusst		sie *haben*	gewusst	
wir *hätten*	gewusst		ihr *hättet*	gewusst		sie *hätten*	gewusst	
wir *werden*	wissen		ihr *werdet*	wissen		sie *werden*	wissen	
wir *würden*	wissen		ihr *würdet*	wissen		sie *würden*	wissen	
wir *werden*	gewusst	*haben*	ihr *werdet*	gewusst	*haben*	sie *werden*	gewusst	*haben*
wir *würden*	gewusst	*haben*	ihr *würdet*	gewusst	*haben*	sie *würden*	gewusst	*haben*
	-			wisst			-	

51. Liegen

Mod.	Zeit	1. Person Singular			2. Person Singular			3. Person Singular		
Ind.	Präs.	ich	liege		du	liegst		er	liegt	
	Prät.	ich	lag		du	lagst		er	lag	
	Perf.	ich *habe*	gelegen		du *hast*	gelegen		er *hat*	gelegen	
	Plus.	ich *hatte*	gelegen		du *hattest*	gelegen		er *hatte*	gelegen	
	Fut. I	ich *werde*	liegen		du *wirst*	liegen		er *wird*	liegen	
	Fut. II	ich *werde*	gelegen	*haben*	du *wirst*	gelegen	*haben*	er *wird*	gelegen	*haben*
Konj.	I Präs.	ich	liege		du	liegest		er	liege	
	II Prät.	ich	läge		du	lägest		er	läge	
	I Perf.	ich *habe*	gelegen		du *habest*	gelegen		er *habe*	gelegen	
	II Plus.	ich *hätte*	gelegen		du *hättest*	gelegen		er *hätte*	gelegen	
	I Fut. I	ich *werde*	liegen		du *werdest*	liegen		er *werde*	liegen	
	II Fut. I	ich *würde*	liegen		du *würdest*	liegen		er *würde*	liegen	
	I Fut.II	ich *werde*	gelegen	*haben*	du *werdest*	gelegen	*haben*	er *werde*	gelegen	*haben*
	II Fut.II	ich *würde*	gelegen	*haben*	du *würdest*	gelegen	*haben*	er *würde*	gelegen	*haben*
Imp.			-			liege			-	
Inf.	Präs.		liegen							
	Perf.		gelegen	*haben*						
	Fut.I		liegen	*werden*						
	Fut.II		gelegen	*haben*	*werden*					
Part.	Präs.		liegend							
	Perf.		gelegen							

Ebenso konjugiert werden die Zusammensetzungen von liegen.

1. Person Plural			2. Person Plural			3. Person Plural		
wir	liegen		ihr	liegt		sie	liegen	
wir	**lagen**		ihr	**lagt**		sie	**lagen**	
wir *haben*	**gelegen**		ihr *habt*	**gelegen**		sie *haben*	**gelegen**	
wir *hatten*	**gelegen**		ihr *hattet*	**gelegen**		sie *hatten*	**gelegen**	
wir *werden*	liegen		ihr *werdet*	liegen		sie *werden*	liegen	
wir *werden*	**gelegen**	*haben*	ihr *werdet*	**gelegen**	*haben*	sie *werden*	**gelegen**	*haben*
wir	liegen		ihr	lieget		sie	liegen	
wir	**lägen**		ihr	**läget**		sie	**lägen**	
wir *haben*	**gelegen**		ihr *habet*	**gelegen**		sie *haben*	**gelegen**	
wir *hätten*	**gelegen**		ihr *hättet*	**gelegen**		sie *hätten*	**gelegen**	
wir *werden*	liegen		ihr *werdet*	liegen		sie *werden*	liegen	
wir *würden*	liegen		ihr *würdet*	liegen		sie *würden*	liegen	
wir *werden*	**gelegen**	*haben*	ihr *werdet*	**gelegen**	*haben*	sie *werden*	**gelegen**	*haben*
wir *würden*	**gelegen**	*haben*	ihr *würdet*	**gelegen**	*haben*	sie *würden*	**gelegen**	*haben*
	-			liegt			-	

52. Fliegen

Mod.	Zeit	1. Person Singular	2. Person Singular	3. Person Singular
Ind.	Präs.	ich fliege	du fliegst	er fliegt
	Prät.	ich flog	du flogst	er flog
	Perf.	ich bin geflogen	du bist geflogen	er ist geflogen
	Plus.	ich war geflogen	du warst geflogen	er war geflogen
	Fut. I	ich werde fliegen	du wirst fliegen	er wird fliegen
	Fut. II	ich werde geflogen sein	du wirst geflogen sein	er wird geflogen sein
Konj.	I Präs.	ich fliege	du fliegest	er fliege
	II Prät.	ich flöge	du flögest	er flöge
	I Perf.	ich sei geflogen	du sei(e)st geflogen	er sei geflogen
	II Plus.	ich wäre geflogen	du wär(e)st geflogen	er wäre geflogen
	I Fut. I	ich werde fliegen	du werdest fliegen	er werde fliegen
	II Fut. I	ich würde fliegen	du würdest fliegen	er würde fliegen
	I Fut.II	ich werde geflogen sein	du werdest geflogen sein	er werde geflogen sein
	II Fut.II	ich würde geflogen sein	du würdest geflogen sein	er würde geflogen sein
Imp.		-	fliege	-
Inf.	Präs.	fliegen		
	Perf.	geflogen sein		
	Fut.I	fliegen werden		
	Fut.II	geflogen sein werden		
Part.	Präs.	fliegend		
	Perf.	geflogen		

Ebenso konjugiert werden die Zusammensetzungen von fliegen sowie biegen, bieten, fliehen, frieren,
seinen Zusammensetzungen wird vor den Endungen, die mit -t und -s beginnen nach dem Verbstamm
loren). Als intransitives Verb wird fliegen und bieten mit sein konjugiert (ich **bin** nach Paris geflogen
habe *das Flugzeug* geflogen und ich **habe** *den Stab* gebogen).

| fliegen - fliegst - flog - fliege - flöge - geflogen

1. Person Plural	2. Person Plural	3. Person Plural
wir fliegen	ihr fliegt	sie fliegen
wir **flogen**	ihr **flogt**	sie **flogen**
wir *sind* geflogen	ihr *seid* geflogen	sie *sind* geflogen
wir *waren* geflogen	ihr *wart* geflogen	sie *waren* geflogen
wir *werden* fliegen	ihr *werdet* fliegen	sie *werden* fliegen
wir *werden* geflogen *sein*	ihr *werdet* geflogen *sein*	sie *werden* geflogen *sein*
wir fliegen	ihr flieget	sie fliegen
wir **flögen**	ihr **flöget**	sie **flögen**
wir *seien* geflogen	ihr *seiet* geflogen	sie *seien* geflogen
wir *wären* geflogen	ihr *wär(e)t* geflogen	sie *wären* geflogen
wir *werden* fliegen	ihr *werdet* fliegen	sie *werden* fliegen
wir *würden* fliegen	ihr *würdet* fliegen	sie *würden* fliegen
wir *werden* geflogen *sein*	ihr *werdet* geflogen *sein*	sie *werden* geflogen *sein*
wir *würden* geflogen *sein*	ihr *würdet* geflogen *sein*	sie *würden* geflogen *sein*
-	fliegt	-

kriechen, riechen, schieben, verlieren, wiegen und ihre Zusammensetzungen. Bei bieten und -e eingefügt (du bietest, ihr bietet). Verlieren wird im Partizip Perfekt ohne ge- gebildet (ver- und ich **bin** um die Ecke gebogen), als transitives Verb werden sie mit haben konjugiert (ich

biegen, bieten, fliegen, fliehen, frieren, kriechen, riechen, schieben, verlieren, wiegen

53. Gießen

Mod.	Zeit	1. Person Singular		2. Person Singular		3. Person Singular	
Ind.	Präs.	ich	gieße	du	gießt	er	gießt
	Prät.	ich	goss	du	gossest	er	goss
	Perf.	ich habe	gegossen	du hast	gegossen	er hat	gegossen
	Plus.	ich hatte	gegossen	du hattest	gegossen	er hatte	gegossen
	Fut. I	ich werde	gießen	du wirst	gießen	er wird	gießen
	Fut. II	ich werde	gegossen haben	du wirst	gegossen haben	er wird	gegossen haben
Konj.	I Präs.	ich	gieße	du	gießest	er	gieße
	II Prät.	ich	gösse	du	gössest	er	gösse
	I Perf.	ich habe	gegossen	du habest	gegossen	er habe	gegossen
	II Plus.	ich hätte	gegossen	du hättest	gegossen	er hätte	gegossen
	I Fut. I	ich werde	gießen	du werdest	gießen	er werde	gießen
	II Fut. I	ich würde	gießen	du würdest	gießen	er würde	gießen
	I Fut.II	ich werde	gegossen haben	du werdest	gegossen haben	er werde	gegossen haben
	II Fut.II	ich würde	gegossen haben	du würdest	gegossen haben	er würde	gegossen haben
Imp.			-		gieße		-

Mod.	Zeit	
Inf.	Präs.	gießen
	Perf.	gegossen haben
	Fut.I	gießen werden
	Fut.II	gegossen haben werden
Part.	Präs.	gießend
	Perf.	gegossen

Ebenso konjugiert werden die Zusammensetzungen von gießen sowie fließen, genießen, schießen, ben, deren Verbstamm auf -ß endet, das -st der Endung in der 2. Person Singular im Indikativ Präsens mit ge- gebildet (genossen, verdrossen).

| gießen - gießt - goss - gieße - gösse - gegossen

1. Person Plural		2. Person Plural		3. Person Plural	
wir	gießen	ihr	gießt	sie	gießen
wir	gossen	ihr	gosst	sie	gossen
wir *haben*	gegossen	ihr *habt*	gegossen	sie *haben*	gegossen
wir *hatten*	gegossen	ihr *hattet*	gegossen	sie *hatten*	gegossen
wir *werden*	gießen	ihr *werdet*	gießen	sie *werden*	gießen
wir *werden*	gegossen *haben*	ihr *werdet*	gegossen *haben*	sie *werden*	gegossen *haben*
wir	gießen	ihr	gießet	sie	gießen
wir	gössen	ihr	gösset	sie	gössen
wir *haben*	gegossen	ihr *habet*	gegossen	sie *haben*	gegossen
wir *hätten*	gegossen	ihr *hättet*	gegossen	sie *hätten*	gegossen
wir *werden*	gießen	ihr *werdet*	gießen	sie *werden*	gießen
wir *würden*	gießen	ihr *würdet*	gießen	sie *würden*	gießen
wir *werden*	gegossen *haben*	ihr *werdet*	gegossen *haben*	sie *werden*	gegossen *haben*
wir *würden*	gegossen *haben*	ihr *würdet*	gegossen *haben*	sie *würden*	gegossen *haben*
-		gießt		-	

schließen, verdrießen und ihre Zusammensetzungen. Es ist zu beachten, dass bei den Ver-
auf -t verkürzt wird (du gießt). Genießen und verdrießen werden im Partizip Perfekt nicht

fließen, genießen, gießen, schießen, schließen, verdrießen

54. Ziehen

Mod.	Zeit	1. Person Singular			2. Person Singular			3. Person Singular		
Ind.	Präs.	ich	ziehe		du	ziehst		er	zieht	
	Prät.	ich	zog		du	zogst		er	zog	
	Perf.	ich habe	gezogen		du hast	gezogen		er hat	gezogen	
	Plus.	ich hatte	gezogen		du hattest	gezogen		er hatte	gezogen	
	Fut. I	ich werde	ziehen		du wirst	ziehen		er wird	ziehen	
	Fut. II	ich werde	gezogen	haben	du wirst	gezogen	haben	er wird	gezogen	haben
Konj.	I Präs.	ich	ziehe		du	ziehest		er	ziehe	
	II Prät.	ich	zöge		du	zögest		er	zöge	
	I Perf.	ich habe	gezogen		du habest	gezogen		er habe	gezogen	
	II Plus.	ich hätte	gezogen		du hättest	gezogen		er hätte	gezogen	
	I Fut. I	ich werde	ziehen		du werdest	ziehen		er werde	ziehen	
	II Fut. I	ich würde	ziehen		du würdest	ziehen		er würde	ziehen	
	I Fut.II	ich werde	gezogen	haben	du werdest	gezogen	haben	er werde	gezogen	haben
	II Fut.II	ich würde	gezogen	haben	du würdest	gezogen	haben	er würde	gezogen	haben
Imp.			-			ziehe			-	
Inf.	Präs.		ziehen							
	Perf.		gezogen	haben						
	Fut.I		ziehen	werden						
	Fut.II		gezogen	haben werden						
Part.	Präs.		ziehend							
	Perf.		gezogen							

Ebenso konjugiert werden die Zusammensetzungen von ziehen. Als transitives Verb wird ziehen mit konjugiert (ich **bin** in eine andere Wohnung gezogen).

1. Person Plural			2. Person Plural			3. Person Plural		
wir	ziehen		ihr	zieht		sie	ziehen	
wir	zogen		ihr	zogt		sie	zogen	
wir *haben*	gezogen		ihr *habt*	gezogen		sie *haben*	gezogen	
wir *hatten*	gezogen		ihr *hattet*	gezogen		sie *hatten*	gezogen	
wir *werden*	ziehen		ihr *werdet*	ziehen		sie *werden*	ziehen	
wir *werden*	gezogen	*haben*	ihr *werdet*	gezogen	*haben*	sie *werden*	gezogen	*haben*
wir	ziehen		ihr	ziehet		sie	ziehen	
wir	zögen		ihr	zöget		sie	zögen	
wir *haben*	gezogen		ihr *habet*	gezogen		sie *haben*	gezogen	
wir *hätten*	gezogen		ihr *hättet*	gezogen		sie *hätten*	gezogen	
wir *werden*	ziehen		ihr *werdet*	ziehen		sie *werden*	ziehen	
wir *würden*	ziehen		ihr *würdet*	ziehen		sie *würden*	ziehen	
wir *werden*	gezogen	*haben*	ihr *werdet*	gezogen	*haben*	sie *werden*	gezogen	*haben*
wir *würden*	gezogen	*haben*	ihr *würdet*	gezogen	*haben*	sie *würden*	gezogen	*haben*
-			zieht			-		

haben konjugiert (ich **habe** *den Karren* gezogen), als intransitives Verb wird es mit sein

55. Triefen

Mod.	Zeit	1. Person Singular			2. Person Singular		3. Person Singular		
Ind.	Präs.	ich	triefe		du	triefst	er	trieft	
	Prät.	ich	troff		du	troffst	er	troff	
	Perf.	ich habe	getroffen		du hast	getroffen	er hat	getroffen	
	Plus.	ich hatte	getroffen		du hattest	getroffen	er hatte	getroffen	
	Fut. I	ich werde	triefen		du wirst	triefen	er wird	triefen	
	Fut. II	ich werde	getroffen	haben	du wirst	getroffen haben	er wird	getroffen	haben
Konj.	I Präs.	ich	triefe		du	triefest	er	triefe	
	II Prät.	ich	tröffe		du	tröffest	er	tröffe	
	I Perf.	ich habe	getroffen		du habest	getroffen	er habe	getroffen	
	II Plus.	ich hätte	getroffen		du hättest	getroffen	er hätte	getroffen	
	I Fut. I	ich werde	triefen		du werdest	triefen	er werde	triefen	
	II Fut. I	ich würde	triefen		du würdest	triefen	er würde	triefen	
	I Fut.II	ich werde	getroffen	haben	du werdest	getroffen haben	er werde	getroffen	haben
	II Fut.II	ich würde	getroffen	haben	du würdest	getroffen haben	er würde	getroffen	haben
Imp.			-			triefe		-	

Mod.	Zeit			
Inf.	Präs.	triefen		
	Perf.	getroffen	haben	
	Fut.I	triefen	werden	
	Fut.II	getroffen	haben	werden
Part.	Präs.	triefend		
	Perf.	getroffen		

Triefen kann auch regelmäßig konjugiert werden. Die unregelmäßigen Formen werden in gehobener

1. Person Plural			2. Person Plural			3. Person Plural		
wir	triefen		ihr	triefen		sie	triefen	
wir	troffen		ihr	trofft		sie	troffen	
wir *haben*	getroffen		ihr *habt*	getroffen		sie *haben*	getroffen	
wir *hatten*	getroffen		ihr *hattet*	getroffen		sie *hatten*	getroffen	
wir *werden*	triefen		ihr *werdet*	triefen		sie *werden*	triefen	
wir *werden*	getroffen	*haben*	ihr *werdet*	getroffen	*haben*	sie *werden*	getroffen	*haben*
wir	triefen		ihr	triefet		sie	triefen	
wir	tröffen		ihr	tröffet		sie	tröffen	
wir *haben*	getroffen		ihr *habet*	getroffen		sie *haben*	getroffen	
wir *hätten*	getroffen		ihr *hättet*	getroffen		sie *hätten*	getroffen	
wir *werden*	triefen		ihr *werdet*	triefen		sie *werden*	triefen	
wir *würden*	triefen		ihr *würdet*	triefen		sie *würden*	triefen	
wir *werden*	getroffen	*haben*	ihr *werdet*	getroffen	*haben*	sie *werden*	getroffen	*haben*
wir *würden*	getroffen	*haben*	ihr *würdet*	getroffen	*haben*	sie *würden*	getroffen	*haben*
-			trieft			-		

Sprache jedoch bevorzugt.

56. Sieden

Mod.	Zeit	1. Person Singular			2. Person Singular			3. Person Singular		
Ind.	Präs.	ich	siede		du	siedest		er	siedet	
	Prät.	ich	sott		du	sottest		er	sott	
	Perf.	ich *habe*	gesotten		du *hast*	gesotten		er *hat*	gesotten	
	Plus.	ich *hatte*	gesotten		du *hattest*	gesotten		er *hatte*	gesotten	
	Fut. I	ich *werde*	sieden		du *wirst*	sieden		er *wird*	sieden	
	Fut. II	ich *werde*	gesotten	*haben*	du *wirst*	gesotten	*haben*	er *wird*	gesotten	*haben*
Konj.	I Präs.	ich	siede		du	siedest		er	siede	
	II Prät.	ich	sötte		du	söttest		er	sötte	
	I Perf.	ich *habe*	gesotten		du *habest*	gesotten		er *habe*	gesotten	
	II Plus.	ich *hätte*	gesotten		du *hättest*	gesotten		er *hätte*	gesotten	
	I Fut. I	ich *werde*	sieden		du *werdest*	sieden		er *werde*	sieden	
	II Fut. I	ich *würde*	sieden		du *würdest*	sieden		er *würde*	sieden	
	I Fut.II	ich *werde*	gesotten	*haben*	du *werdest*	gesotten	*haben*	er *werde*	gesotten	*haben*
	II Fut.II	ich *würde*	gesotten	*haben*	du *würdest*	gesotten	*haben*	er *würde*	gesotten	*haben*
Imp.			-			siede			-	
Inf.	Präs.		sieden							
	Perf.		gesotten	*haben*						
	Fut.I		sieden	*werden*						
	Fut.II		gesotten	*haben werden*						
Part.	Präs.		sieden							
	Perf.		gesotten							

Sieden kann auch regelmäßig konjugiert werden. Es ist zu beachten, dass die Verben, deren Verbstamm fügen (du sied*est*, er sied*et*).

1. Person Plural			2. Person Plural			3. Person Plural		
wir	sieden		ihr	siedet		sie	sieden	
wir	sotten		ihr	sottet		sie	sotten	
wir *haben*	gesotten		ihr *habt*	gesotten		sie *haben*	gesotten	
wir *hatten*	gesotten		ihr *hattet*	gesotten		sie *hatten*	gesotten	
wir *werden*	sieden		ihr *werdet*	sieden		sie *werden*	sieden	
wir *werden*	gesotten	*haben*	ihr *werdet*	gesotten	*haben*	sie *werden*	gesotten	*haben*
wir	sieden		ihr	siedet		sie	sieden	
wir	sötten		ihr	söttet		sie	sötten	
wir *haben*	gesotten		ihr *habet*	gesotten		sie *haben*	gesotten	
wir *hätten*	gesotten		ihr *hättet*	gesotten		sie *hätten*	gesotten	
wir *werden*	sieden		ihr *werdet*	sieden		sie *werden*	sieden	
wir *würden*	sieden		ihr *würdet*	sieden		sie *würden*	sieden	
wir *werden*	gesotten	*haben*	ihr *werdet*	gesotten	*haben*	sie *werden*	gesotten	*haben*
wir *würden*	gesotten	*haben*	ihr *würdet*	gesotten	*haben*	sie *würden*	gesotten	*haben*
-			siedet			-		

auf -d endet, vor allen Endungen, die mit -t oder -s beginnen nach dem Verbstamm -e ein-

sieden

57. Streichen

Mod.	Zeit	1. Person Singular		2. Person Singular		3. Person Singular	
Ind.	Präs.	ich	streiche	du	streichst	er	streicht
	Prät.	ich	strich	du	strichst	er	strich
	Perf.	ich habe	gestrichen	du hast	gestrichen	er hat	gestrichen
	Plus.	ich hatte	gestrichen	du hattest	gestrichen	er hatte	gestrichen
	Fut. I	ich werde	streichen	du wirst	streichen	er wird	streichen
	Fut. II	ich werde	gestrichen haben	du wirst	gestrichen haben	er wird	gestrichen haben
Konj.	I Präs.	ich	streiche	du	streichest	er	streiche
	II Prät.	ich	striche	du	strichest	er	striche
	I Perf.	ich habe	gestrichen	du habest	gestrichen	er habe	gestrichen
	II Plus.	ich hätte	gestrichen	du hättest	gestrichen	er hätte	gestrichen
	I Fut. I	ich werde	streichen	du werdest	streichen	er werde	streichen
	II Fut. I	ich würde	streichen	du würdest	streichen	er würde	streichen
	I Fut.II	ich werde	gestrichen haben	du werdest	gestrichen haben	er werde	gestrichen haben
	II Fut.II	ich würde	gestrichen haben	du würdest	gestrichen haben	er würde	gestrichen haben
Imp.			-		streiche		-

Mod.	Zeit	
Inf.	Präs.	streichen
	Perf.	gestrichen haben
	Fut.I	streichen werden
	Fut.II	gestrichen haben werden
Part.	Präs.	streichend
	Perf.	gestrichen

Ebenso konjugiert werden die Zusammensetzungen von streichen sowie bleichen, gleichen, schleichen, gehen wird weichen wie hier dargestellt konjugiert, in der Bedeutung von weich werden wird es regel bleichen ausgebleicht, in der Bedeutung von hell werden lautet es ausgeblichen.

| **streichen - streichst - strich - streiche - striche - gestrichen**

1. Person Plural		2. Person Plural		3. Person Plural	
wir	streichen	ihr	streicht	sie	streichen
wir	**strichen**	ihr	**stricht**	sie	**strichen**
wir *haben*	*gestrichen*	ihr *habt*	*gestrichen*	sie *haben*	*gestrichen*
wir *hatten*	*gestrichen*	ihr *hattet*	*gestrichen*	sie *hatten*	*gestrichen*
wir *werden*	streichen	ihr *werdet*	streichen	sie *werden*	streichen
wir *werden*	*gestrichen haben*	ihr *werdet*	*gestrichen haben*	sie *werden*	*gestrichen haben*
wir	streichen	ihr	streichet	sie	streichen
wir	**strichen**	ihr	**strichet**	sie	**strichen**
wir *haben*	*gestrichen*	ihr *habet*	*gestrichen*	sie *haben*	*gestrichen*
wir *hätten*	*gestrichen*	ihr *hättet*	*gestrichen*	sie *hätten*	*gestrichen*
wir *werden*	streichen	ihr *werdet*	streichen	sie *werden*	streichen
wir *würden*	streichen	ihr *würdet*	streichen	sie *würden*	streichen
wir *werden*	*gestrichen haben*	ihr *werdet*	*gestrichen haben*	sie *werden*	*gestrichen haben*
wir *würden*	*gestrichen haben*	ihr *würdet*	*gestrichen haben*	sie *würden*	*gestrichen haben*
-			streicht	-	

weichen und ihre Zusammensetzungen. In der Bedeutung Platz machen, aus dem Weg mäßig konjugiert. In der Bedeutung von hell machen lautet das Partizip Perfekt von aus-

bleichen, gleichen, schleichen, streichen, weichen

58. Pfeifen

Mod.	Zeit	1. Person Singular			2. Person Singular			3. Person Singular		
Ind.	Präs.	ich	pfeife		du	pfeifst		er	pfeift	
	Prät.	ich	pfiff		du	pfiffst		er	pfiff	
	Perf.	ich *habe*	gepfiffen		du *hast*	gepfiffen		er *hat*	gepfiffen	
	Plus.	ich *hatte*	gepfiffen		du *hattest*	gepfiffen		er *hatte*	gepfiffen	
	Fut. I	ich *werde*	pfeifen		du *wirst*	pfeifen		er *wird*	pfeifen	
	Fut. II	ich *werde*	gepfiffen	*haben*	du *wirst*	gepfiffen	*haben*	er *wird*	gepfiffen	*haben*
Konj.	I Präs.	ich	pfeife		du	pfeifest		er	pfeife	
	II Prät.	ich	pfiffe		du	pfiffest		er	pfiffe	
	I Perf.	ich *habe*	gepfiffen		du *habest*	gepfiffen		er *habe*	gepfiffen	
	II Plus.	ich *hätte*	gepfiffen		du *hättest*	gepfiffen		er *hätte*	gepfiffen	
	I Fut. I	ich *werde*	pfeifen		du *werdest*	pfeifen		er *werde*	pfeifen	
	II Fut. I	ich *würde*	pfeifen		du *würdest*	pfeifen		er *würde*	pfeifen	
	I Fut.II	ich *werde*	gepfiffen	*haben*	du *werdest*	gepfiffen	*haben*	er *werde*	gepfiffen	*haben*
	II Fut.II	ich *würde*	gepfiffen	*haben*	du *würdest*	gepfiffen	*haben*	er *würde*	gepfiffen	*haben*
Imp.			-			pfeife			-	
Inf.	Präs.		pfeifen							
	Perf.		gepfiffen	*haben*						
	Fut.I		pfeifen	*werden*						
	Fut.II		gepfiffen	*haben*	*werden*					
Part.	Präs.		pfeifend							
	Perf.		gepfiffen							

Ebenso konjugiert werden die Zusammensetzungen von pfeifen sowie gleiten, greifen, kneifen, reiten, und streiten wird vor allen Endungen, die mit -s oder -t beginnen nach dem Verbstamm -e eingefügt (du geritten), als intransitives Verb wird es mit sein konjugiert (ich **bin** nach Hause geritten). Schleifen wird schleift).

1. Person Plural			2. Person Plural			3. Person Plural		
wir	pfeifen		ihr	pfeift		sie	pfeifen	
wir	pfiffen		ihr	pfifft		sie	pfiffen	
wir *haben*	gepfiffen		ihr *habt*	gepfiffen		sie *haben*	gepfiffen	
wir *hatten*	gepfiffen		ihr *hattet*	gepfiffen		sie *hatten*	gepfiffen	
wir *werden*	pfeifen		ihr *werdet*	pfeifen		sie *werden*	pfeifen	
wir *werden*	gepfiffen	*haben*	ihr *werdet*	gepfiffen	*haben*	sie *werden*	gepfiffen	*haben*
wir	pfeifen		ihr	pfeifet		sie	pfeifen	
wir	pfiffen		ihr	pfiffet		sie	pfiffen	
wir *haben*	gepfiffen		ihr *habet*	gepfiffen		sie *haben*	gepfiffen	
wir *hätten*	gepfiffen		ihr *hättet*	gepfiffen		sie *hätten*	gepfiffen	
wir *werden*	pfeifen		ihr *werdet*	pfeifen		sie *werden*	pfeifen	
wir *würden*	pfeifen		ihr *würdet*	pfeifen		sie *würden*	pfeifen	
wir *werden*	gepfiffen	*haben*	ihr *werdet*	gepfiffen	*haben*	sie *werden*	gepfiffen	*haben*
wir *würden*	gepfiffen	*haben*	ihr *würdet*	gepfiffen	*haben*	sie *würden*	gepfiffen	*haben*
-			pfeift			-		

schleifen, schreiten, streiten und ihre Zusammensetzungen. Bei gleiten, reiten, schreiten, gleit**e***st*, er gleit*e**t*). Als transitives Verb wird reiten mit haben konjugiert (ich **habe** *das Pferd* in der Bedeutung von ziehen regelmäßig konjugiert (sie hat ihr Kleid über den Boden ge-

gleiten, greifen, kneifen, pfeifen, reiten, schleifen, schreiten, streiten

59. Leiden

Mod.	Zeit	1. Person Singular			2. Person Singular			3. Person Singular		
Ind.	Präs.	ich	leide		du	leidest		er	leidet	
	Prät.	ich	litt		du	litt(e)st		er	litt	
	Perf.	ich *habe*	gelitten		du *hast*	gelitten		er *hat*	gelitten	
	Plus.	ich *hatte*	gelitten		du *hattest*	gelitten		er *hatte*	gelitten	
	Fut. I	ich *werde*	leiden		du *wirst*	leiden		er *wird*	leiden	
	Fut. II	ich *werde*	gelitten	*haben*	du *wirst*	gelitten	*haben*	er *wird*	gelitten	*haben*
Konj.	I Präs.	ich	leide		du	leidest		er	leide	
	II Prät.	ich	litte		du	littest		er	litte	
	I Perf.	ich *habe*	gelitten		du *habest*	gelitten		er *habe*	gelitten	
	II Plus.	ich *hätte*	gelitten		du *hättest*	gelitten		er *hätte*	gelitten	
	I Fut. I	ich *werde*	leiden		du *werdest*	leiden		er *werde*	leiden	
	II Fut. I	ich *würde*	leiden		du *würdest*	leiden		er *würde*	leiden	
	I Fut.II	ich *werde*	gelitten	*haben*	du *werdest*	gelitten	*haben*	er *werde*	gelitten	*haben*
	II Fut.II	ich *würde*	gelitten	*haben*	du *würdest*	gelitten	*haben*	er *würde*	gelitten	*haben*
Imp.			-			leide			-	
Inf.	Präs.		leiden							
	Perf.		gelitten	*haben*						
	Fut.I		leiden	*werden*						
	Fut.II		gelitten	*haben*	*werden*					
Part.	Präs.		leidend							
	Perf.		gelitten							

Ebenso konjugiert werden die Zusammensetzungen von leiden sowie schneiden und seine Zusammen allen Endungen, die mit -t oder -s beginnen nach dem Verbstamm -e eingefügt wird.

1. Person Plural			2. Person Plural			3. Person Plural		
wir	leiden		ihr	leidet		sie	leiden	
wir	litten		ihr	littet		sie	litten	
wir *haben*	gelitten		ihr *habt*	gelitten		sie *haben*	gelitten	
wir *hatten*	gelitten		ihr *hattet*	gelitten		sie *hatten*	gelitten	
wir *werden*	leiden		ihr *werdet*	leiden		sie *werden*	leiden	
wir *werden*	gelitten	*haben*	ihr *werdet*	gelitten	*haben*	sie *werden*	gelitten	*haben*
wir	leiden		ihr	leidet		sie	leiden	
wir	litten		ihr	littet		sie	litten	
wir *haben*	gelitten		ihr *habet*	gelitten		sie *haben*	gelitten	
wir *hätten*	gelitten		ihr *hättet*	gelitten		sie *hätten*	gelitten	
wir *werden*	leiden		ihr *werdet*	leiden		sie *werden*	leiden	
wir *würden*	leiden		ihr *würdet*	leiden		sie *würden*	leiden	
wir *werden*	gelitten	*haben*	ihr *werdet*	gelitten	*haben*	sie *werden*	gelitten	*haben*
wir *würden*	gelitten	*haben*	ihr *würdet*	gelitten	*haben*	sie *würden*	gelitten	*haben*
	-			leidet			-	

setzungen. Es ist zu beachten, dass bei allen Verben, deren Verbstamm auf -d endet vor

leiden, schneiden

60. Beißen

Mod.	Zeit	1. Person Singular	2. Person Singular	3. Person Singular
Ind.	Präs.	ich beiße	du beißt	er beißt
	Prät.	ich biss	du bissest	er biss
	Perf.	ich *habe* gebissen	du *hast* gebissen	er *hat* gebissen
	Plus.	ich *hatte* gebissen	du *hattest* gebissen	er *hatte* gebissen
	Fut. I	ich *werde* beißen	du *wirst* beißen	er *wird* beißen
	Fut. II	ich *werde* gebissen *haben*	du *wirst* gebissen *haben*	er *wird* gebissen *haben*
Konj.	I Präs.	ich beiße	du beißest	er beiße
	II Prät.	ich bisse	du bissest	er bisse
	I Perf.	ich *habe* gebissen	du *habest* gebissen	er *habe* gebissen
	II Plus.	ich *hätte* gebissen	du *hättest* gebissen	er *hätte* gebissen
	I Fut. I	ich *werde* beißen	du *werdest* beißen	er *werde* beißen
	II Fut. I	ich *würde* beißen	du *würdest* beißen	er *würde* beißen
	I Fut.II	ich *werde* gebissen *haben*	du *werdest* gebissen *haben*	er *werde* gebissen *haben*
	II Fut.II	ich *würde* gebissen *haben*	du *würdest* gebissen *haben*	er *würde* gebissen *haben*
Imp.		-	beiße	-
Inf.	Präs.	beißen		
	Perf.	gebissen *haben*		
	Fut.I	beißen *werden*		
	Fut.II	gebissen *haben werden*		
Part.	Präs.	beißend		
	Perf.	gebissen		

Ebenso konjugiert werden die Zusammensetzungen von beißen sowie reißen, schmeißen, scheißen, sammensetzungen können auch regelmäßig konjugiert werden (du schleiß*test*, geschleiß*t*). Es ist zu 2. Person Singular im Indikativ Präsens auf -t verkürzt wird.

1. Person Plural			2. Person Plural			3. Person Plural		
wir	beißen		ihr	beißt		sie	beißen	
wir	bissen		ihr	bisst		sie	bissen	
wir *haben*	gebissen		ihr *habt*	gebissen		sie *haben*	gebissen	
wir *hatten*	gebissen		ihr *hattet*	gebissen		sie *hatten*	gebissen	
wir *werden*	beißen		ihr *werdet*	beißen		sie *werden*	beißen	
wir *werden*	gebissen	*haben*	ihr *werdet*	gebissen	*haben*	sie *werden*	gebissen	*haben*
wir	beißen		ihr	beißet		sie	beißen	
wir	bissen		ihr	bisset		sie	bissen	
wir *haben*	gebissen		ihr *habet*	gebissen		sie *haben*	gebissen	
wir *hätten*	gebissen		ihr *hättet*	gebissen		sie *hätten*	gebissen	
wir *werden*	beißen		ihr *werdet*	beißen		sie *werden*	beißen	
wir *würden*	beißen		ihr *würdet*	beißen		sie *würden*	beißen	
wir *werden*	gebissen	*haben*	ihr *werdet*	gebissen	*haben*	sie *werden*	gebissen	*haben*
wir *würden*	gebissen	*haben*	ihr *würdet*	gebissen	*haben*	sie *würden*	gebissen	*haben*
	-			beißt			-	

schleißen, spleißen und ihre Zusammensetzungen. Schleißen und spleißen und ihre Zu-
beachten, dass bei allen Verben, deren Verbstamm auf -ß endet, das -st der Endung in der

beißen, reißen, schmeißen, scheißen, schleißen, spleißen

61. Bleiben

Mod.	Zeit	1. Person Singular		2. Person Singular		3. Person Singular	
Ind.	Präs.	ich	bleibe	du	bleibst	er	bleibt
	Prät.	ich	blieb	du	bliebst	er	blieb
	Perf.	ich bin	geblieben	du bist	geblieben	er ist	geblieben
	Plus.	ich war	geblieben	du warst	geblieben	er war	geblieben
	Fut. I	ich werde	bleiben	du wirst	bleiben	er wird	bleiben
	Fut. II	ich werde	geblieben sein	du wirst	geblieben sein	er wird	geblieben sein
Konj.	I Präs.	ich	bleibe	du	bleibest	er	bleibe
	II Prät.	ich	bliebe	du	bliebest	er	bliebe
	I Perf.	ich sei	geblieben	du sei(e)st	geblieben	er sei	geblieben
	II Plus.	ich wäre	geblieben	du wär(e)st	geblieben	er wäre	geblieben
	I Fut. I	ich werde	bleiben	du werdest	bleiben	er werde	bleiben
	II Fut. I	ich würde	bleiben	du würdest	bleiben	er würde	bleiben
	I Fut.II	ich werde	geblieben sein	du werdest	geblieben sein	er werde	geblieben sein
	II Fut.II	ich würde	geblieben sein	du würdest	geblieben sein	er würde	geblieben sein
Imp.			-		bleibe		-
Inf.	Präs.		bleiben				
	Perf.		geblieben sein				
	Fut.I		bleiben werden				
	Fut.II		geblieben sein werden				
Part.	Präs.		bleibend				
	Perf.		geblieben				

Ebenso konjugiert werden die Zusammensetzungen von bleiben sowie gedeihen, leihen, meiden, prei weisen, verzeihen und ihre Zusammensetzungen. Bei meiden und scheiden und ihren Zusammenset gefügt (du meidest, er meidet). Bei preisen und weisen und ihren Zusammensetzungen wird die Endung Verben werden scheiden und treiben mit haben konjugiert (ich **habe** *die roten Socken* von den blauen ge sie mit sein konjugiert (ich **bin** aus dem Amt geschieden und das Schiff **ist** nach Süden getrieben). Das scheint). Das Partizip Perfekt von verzeihen lautet verziehen (ich habe verziehen).

1. Person Plural		2. Person Plural		3. Person Plural	
wir	bleiben	ihr	bleibt	sie	bleiben
wir	**blieben**	ihr	**bliebt**	sie	**blieben**
wir *sind*	geblieben	ihr *seid*	geblieben	sie *sind*	geblieben
wir *waren*	geblieben	ihr *wart*	geblieben	sie *waren*	geblieben
wir *werden*	bleiben	ihr *werdet*	bleiben	sie *werden*	bleiben
wir *werden*	geblieben *sein*	ihr *werdet*	geblieben *sein*	sie *werden*	geblieben *sein*
wir	bleiben	ihr	bleibet	sie	bleiben
wir	**blieben**	ihr	**bliebet**	sie	**blieben**
wir *seien*	geblieben	ihr *seiet*	geblieben	sie *seien*	geblieben
wir *wären*	geblieben	ihr *wär(e)t*	geblieben	sie *wären*	geblieben
wir *werden*	bleiben	ihr *werdet*	bleiben	sie *werden*	bleiben
wir *würden*	bleiben	ihr *würdet*	bleiben	sie *würden*	bleiben
wir *werden*	geblieben *sein*	ihr *werdet*	geblieben *sein*	sie *werden*	geblieben *sein*
wir *würden*	geblieben *sein*	ihr *würdet*	geblieben *sein*	sie *würden*	geblieben *sein*
	-		bleibt		-

sen, reiben, scheiden, scheinen, schreiben, schreien, schweigen, speien, steigen, treiben,
zungen wird vor allen Endungen, die mit -t oder -s beginnen nach dem Verbstamm -e ein-
-st in der 2. Person Singular des Indikativ Präsens auf -t verkürzt (du preist). Als transitive
schieden und ich **habe** *die Kühe* von der Weide getrieben), als intransitive Verben werden
Partizip Perfekt von scheinen ist in der Umgangssprache gelegentlich regelmäßig (ge-

bleiben, gedeihen, leihen, meiden, preisen, reiben, scheiden, scheinen, schreiben, schreien, schweigen, speien, steigen, treiben, weisen, verzeihen

62. Heißen

Mod.	Zeit	1. Person Singular		2. Person Singular		3. Person Singular	
Ind.	Präs.	ich	heiße	du	heißt	er	heißt
	Prät.	ich	hieß	du	hießest	er	hieß
	Perf.	ich habe	geheißen	du hast	geheißen	er hat	geheißen
	Plus.	ich hatte	geheißen	du hattest	geheißen	er hatte	geheißen
	Fut. I	ich werde	heißen	du wirst	heißen	er wird	heißen
	Fut. II	ich werde	geheißen haben	du wirst	geheißen haben	er wird	geheißen haben
Konj.	I Präs.	ich	heiße	du	heißest	er	heiße
	II Prät.	ich	hieße	du	hießest	er	hieße
	I Perf.	ich habe	geheißen	du habest	geheißen	er habe	geheißen
	II Plus.	ich hätte	geheißen	du hättest	geheißen	er hätte	geheißen
	I Fut. I	ich werde	heißen	du werdest	heißen	er werde	heißen
	II Fut. I	ich würde	heißen	du würdest	heißen	er würde	heißen
	I Fut.II	ich werde	geheißen haben	du werdest	geheißen haben	er werde	geheißen haben
	II Fut.II	ich würde	geheißen haben	du würdest	geheißen haben	er würde	geheißen haben
Imp.			-		heiße		-
Inf.	Präs.		heißen				
	Perf.		geheißen haben				
	Fut.I		heißen werden				
	Fut.II		geheißen haben werden				
Part.	Präs.		heißend				
	Perf.		geheißen				

Ebenso konjugiert werden die Zusammensetzungen von heißen. Es ist zu beachten, dass bei allen Ver kativ Präsens auf -t verkürzt wird. Die Form gehießen im Partizip Perfekt gehört der Umgangssprache

1. Person Plural			2. Person Plural			3. Person Plural		
wir	heißen		ihr	heißt		sie	heißen	
wir	**hießen**		ihr	**hießt**		sie	**hießen**	
wir *haben*	geheißen		ihr *habt*	geheißen		sie *haben*	geheißen	
wir *hatten*	geheißen		ihr *hattet*	geheißen		sie *hatten*	geheißen	
wir *werden*	heißen		ihr *werdet*	heißen		sie *werden*	heißen	
wir *werden*	geheißen	*haben*	ihr *werdet*	geheißen	*haben*	sie *werden*	geheißen	*haben*
wir	heißen		ihr	heißet		sie	heißen	
wir	**hießen**		ihr	**hießet**		sie	**hießen**	
wir *haben*	geheißen		ihr *habet*	geheißen		sie *haben*	geheißen	
wir *hätten*	geheißen		ihr *hättet*	geheißen		sie *hätten*	geheißen	
wir *werden*	heißen		ihr *werdet*	heißen		sie *werden*	heißen	
wir *würden*	heißen		ihr *würdet*	heißen		sie *würden*	heißen	
wir *werden*	geheißen	*haben*	ihr *werdet*	geheißen	*haben*	sie *werden*	geheißen	*haben*
wir *würden*	geheißen	*haben*	ihr *würdet*	geheißen	*haben*	sie *würden*	geheißen	*haben*
	-			heißt			-	

ben, deren Verbstamm auf -ß endet, das -st der Endung in der 2. Person Singular im Indi-
an.

heißen

63. Kommen

Mod.	Zeit	1. Person Singular		2. Person Singular		3. Person Singular	
Ind.	Präs.	ich	komme	du	kommst	er	kommt
	Prät.	ich	**kam**	du	**kamst**	er	**kam**
	Perf.	ich *bin*	*gekommen*	du *bist*	*gekommen*	er *ist*	*gekommen*
	Plus.	ich *war*	*gekommen*	du *warst*	*gekommen*	er *war*	*gekommen*
	Fut. I	ich *werde*	kommen	du *wirst*	kommen	er *wird*	kommen
	Fut. II	ich *werde*	*gekommen sein*	du *wirst*	*gekommen sein*	er *wird*	*gekommen sein*
Konj.	I Präs.	ich	komme	du	kommest	er	komme
	II Prät.	ich	**käme**	du	**kämest**	er	**käme**
	I Perf.	ich *sei*	*gekommen*	du *sei(e)st*	*gekommen*	er *sei*	*gekommen*
	II Plus.	ich *wäre*	*gekommen*	du *wär(e)st*	*gekommen*	er *wäre*	*gekommen*
	I Fut. I	ich *werde*	kommen	du *werdest*	kommen	er *werde*	kommen
	II Fut. I	ich *würde*	kommen	du *würdest*	kommen	er *würde*	kommen
	I Fut.II	ich *werde*	*gekommen sein*	du *werdest*	*gekommen sein*	er *werde*	*gekommen sein*
	II Fut.II	ich *würde*	*gekommen sein*	du *würdest*	*gekommen sein*	er *würde*	*gekommen sein*
Imp.		-		komme		-	
Inf.	Präs.	kommen					
	Perf.	*gekommen sein*					
	Fut.I	kommen *werden*					
	Fut.II	*gekommen sein werden*					
Part.	Präs.	kommend					
	Perf.	*gekommen*					

Ebenso konjugiert werden die Zusammensetzungen von kommen.

1. Person Plural		2. Person Plural		3. Person Plural	
wir	komm*en*	ihr	komm*t*	sie	komm*en*
wir	**kamen**	ihr	**kamt**	sie	**kamen**
wir *sind*	*gekommen*	ihr *seid*	*gekommen*	sie *sind*	*gekommen*
wir *waren*	*gekommen*	ihr *wart*	*gekommen*	sie *waren*	*gekommen*
wir *werden*	komm*en*	ihr *werdet*	komm*en*	sie *werden*	komm*en*
wir *werden*	*gekommen* *sein*	ihr *werdet*	*gekommen* *sein*	sie *werden*	*gekommen* *sein*
wir	komm*en*	ihr	komm*et*	sie	komm*en*
wir	**kämen**	ihr	**kämet**	sie	**kämen**
wir *seien*	*gekommen*	ihr *seiet*	*gekommen*	sie *seien*	*gekommen*
wir *wären*	*gekommen*	ihr *wär(e)t*	*gekommen*	sie *wären*	*gekommen*
wir *werden*	komm*en*	ihr *werdet*	komm*en*	sie *werden*	komm*en*
wir *würden*	komm*en*	ihr *würdet*	komm*en*	sie *würden*	komm*en*
wir *werden*	*gekommen* *sein*	ihr *werdet*	*gekommen* *sein*	sie *werden*	*gekommen* *sein*
wir *würden*	*gekommen* *sein*	ihr *würdet*	*gekommen* *sein*	sie *würden*	*gekommen* *sein*
-		komm*t*		-	

64. Stoßen

Mod.	Zeit	1. Person Singular		2. Person Singular		3. Person Singular	
Ind.	Präs.	ich	stoße	du	stößt	er	stößt
	Prät.	ich	stieß	du	stießest	er	stieß
	Perf.	ich *habe*	gestoßen	du *hast*	gestoßen	er *hat*	gestoßen
	Plus.	ich *hatte*	gestoßen	du *hattest*	gestoßen	er *hatte*	gestoßen
	Fut. I	ich *werde*	stoßen	du *wirst*	stoßen	er *wird*	stoßen
	Fut. II	ich *werde*	gestoßen *haben*	du *wirst*	gestoßen *haben*	er *wird*	gestoßen *haben*
Konj.	I Präs.	ich	stoße	du	stoßest	er	stoße
	II Prät.	ich	stieße	du	stießest	er	stieße
	I Perf.	ich *habe*	gestoßen	du *habest*	gestoßen	er *habe*	gestoßen
	II Plus.	ich *hätte*	gestoßen	du *hättest*	gestoßen	er *hätte*	gestoßen
	I Fut. I	ich *werde*	stoßen	du *werdest*	stoßen	er *werde*	stoßen
	II Fut. I	ich *würde*	stoßen	du *würdest*	stoßen	er *würde*	stoßen
	I Fut.II	ich *werde*	gestoßen *haben*	du *werdest*	gestoßen *haben*	er *werde*	gestoßen *haben*
	II Fut.II	ich *würde*	gestoßen *haben*	du *würdest*	gestoßen *haben*	er *würde*	gestoßen *haben*
Imp.		-		stoße		-	

Mod.	Zeit	
Inf.	Präs.	stoßen
	Perf.	gestoßen *haben*
	Fut.I	stoßen *werden*
	Fut.II	gestoßen *haben werden*
Part.	Präs.	stoßend
	Perf.	gestoßen

Ebenso konjugiert werden die Zusammensetzungen von stoßen. Bei allen Verben, deren Verbstamm verkürzt. In der Bedeutung von auf etwas treffen wird stoßen mit sein konjugiert (er **ist** auf Widerstand

1. Person Plural			2. Person Plural			3. Person Plural		
wir	stoßen		ihr	stoßt		sie	stoßen	
wir	**stießen**		ihr	**stießt**		sie	**stießen**	
wir *haben*	gestoßen		ihr *habt*	gestoßen		sie *haben*	gestoßen	
wir *hatten*	gestoßen		ihr *hattet*	gestoßen		sie *hatten*	gestoßen	
wir *werden*	stoßen		ihr *werdet*	stoßen		sie *werden*	stoßen	
wir *werden*	gestoßen	*haben*	ihr *werdet*	gestoßen	*haben*	sie *werden*	gestoßen	*haben*
wir	stoßen		ihr	stoßet		sie	stoßen	
wir	**stießen**		ihr	**stießet**		sie	**stießen**	
wir *haben*	gestoßen		ihr *habet*	gestoßen		sie *haben*	gestoßen	
wir *hätten*	gestoßen		ihr *hättet*	gestoßen		sie *hätten*	gestoßen	
wir *werden*	stoßen		ihr *werdet*	stoßen		sie *werden*	stoßen	
wir *würden*	stoßen		ihr *würdet*	stoßen		sie *würden*	stoßen	
wir *werden*	gestoßen	*haben*	ihr *werdet*	gestoßen	*haben*	sie *werden*	gestoßen	*haben*
wir *würden*	gestoßen	*haben*	ihr *würdet*	gestoßen	*haben*	sie *würden*	gestoßen	*haben*
-			stoßt			-		

auf -ß endet, wird das -st der Endung in der 2. Person Singular im Indikativ Präsens auf -t gestoßen).

stoßen

65. **Wollen**

Mod.	Zeit	1. Person Singular	2. Person Singular	3. Person Singular
Ind.	Präs.	ich **will**	du **willst**	er **will**
	Prät.	ich wollte	du wolltest	er wollte
	Perf.	ich *habe* gewollt	du *hast* gewollt	er *hat* gewollt
	Plus.	ich *hatte* gewollt	du *hattest* gewollt	er *hatte* gewollt
	Fut. I	ich *werde* wollen	du *wirst* wollen	er *wird* wollen
	Fut. II	ich *werde* gewollt *haben*	du *wirst* gewollt *haben*	er *wird* gewollt *haben*
Konj.	I Präs.	ich wolle	du wollest	er wolle
	II Prät.	ich wollte	du wolltest	er wollte
	I Perf.	ich *habe* gewollt	du *habest* gewollt	er *habe* gewollt
	II Plus.	ich *hätte* gewollt	du *hättest* gewollt	er *hätte* gewollt
	I Fut. I	ich *werde* wollen	du *werdest* wollen	er *werde* wollen
	II Fut. I	ich *würde* wollen	du *würdest* wollen	er *würde* wollen
	I Fut.II	ich *werde* gewollt *haben*	du *werdest* gewollt *haben*	er *werde* gewollt *haben*
	II Fut.II	ich *würde* gewollt *haben*	du *würdest* gewollt *haben*	er *würde* gewollt *haben*
Imp.		-	wolle	-
Inf.	Präs.	wollen		
	Perf.	gewollt *haben*		
	Fut.I	wollen *werden*		
	Fut.II	gewollt *haben werden*		
Part.	Präs.	wollend		
	Perf.	gewollt		

Ebenso konjugiert wird sollen, dessen Formen in der 1. - 3. Person Singular im Indikativ Präsens jedoch

| wollen - willst - wollte - wolle - wollte - gewollt

1. Person Plural			2. Person Plural			3. Person Plural		
wir	wollen		ihr	wollt		sie	wollen	
wir	wollten		ihr	wolltet		sie	wollten	
wir *haben*	gewollt		ihr *habt*	gewollt		sie *haben*	gewollt	
wir *hatten*	gewollt		ihr *hattet*	gewollt		sie *hatten*	gewollt	
wir *werden*	wollen		ihr *werdet*	wollen		sie *werden*	wollen	
wir *werden*	gewollt	*haben*	ihr *werdet*	gewollt	*haben*	sie *werden*	gewollt	*haben*
wir	wollen		ihr	wollet		sie	wollen	
wir	wollten		ihr	wolltet		sie	wollten	
wir *haben*	gewollt		ihr *habet*	gewollt		sie *haben*	gewollt	
wir *hätten*	gewollt		ihr *hättet*	gewollt		sie *hätten*	gewollt	
wir *werden*	wollen		ihr *werdet*	wollen		sie *werden*	wollen	
wir *würden*	wollen		ihr *würdet*	wollen		sie *würden*	wollen	
wir *werden*	gewollt	*haben*	ihr *werdet*	gewollt	*haben*	sie *werden*	gewollt	*haben*
wir *würden*	gewollt	*haben*	ihr *würdet*	gewollt	*haben*	sie *würden*	gewollt	*haben*
-				wollt		-		

ich soll, du sollst, er soll lauten.

66. Schwör*en*

Mod.	Zeit	1. Person Singular		2. Person Singular		3. Person Singular	
Ind.	Präs.	ich	schwöre	du	schwörst	er	schwört
	Prät.	ich	schwor	du	schworst	er	schwor
	Perf.	ich *habe*	geschworen	du *hast*	geschworen	er *hat*	geschworen
	Plus.	ich *hatte*	geschworen	du *hattest*	geschworen	er *hatte*	geschworen
	Fut. I	ich *werde*	schwören	du *wirst*	schwören	er *wird*	schwören
	Fut. II	ich *werde*	geschworen *haben*	du *wirst*	geschworen *haben*	er *wird*	geschworen *haben*
Konj.	I Präs.	ich	schwöre	du	schwörest	er	schwöre
	II Prät.	ich ich	schwüre schwöre	du du	schwürest schwörest	er er	schwüre schwöre
	I Perf.	ich *habe*	geschworen	du *habest*	geschworen	er *habe*	geschworen
	II Plus.	ich *hätte*	geschworen	du *hättest*	geschworen	er *hätte*	geschworen
	I Fut. I	ich *werde*	schwören	du *werdest*	schwören	er *werde*	schwören
	II Fut. I	ich *würde*	schwören	du *würdest*	schwören	er *würde*	schwören
	I Fut.II	ich *werde*	geschworen *haben*	du *werdest*	geschworen *haben*	er *werde*	geschworen *haben*
	II Fut.II	ich *würde*	geschworen *haben*	du *würdest*	geschworen *haben*	er *würde*	geschworen *haben*
Imp.			-		schwöre		-
Inf.	Präs.		schwören				
	Perf.		geschworen *haben*				
	Fut.I		schwören *werden*				
	Fut.II		geschworen *haben werden*				
Part.	Präs.		schwörend				
	Perf.		geschworen				

Ebenso konjugiert werden die Zusammensetzungen von schwören.

1. Person Plural		2. Person Plural		3. Person Plural	
wir	schwören	ihr	schwört	sie	schwören
wir	schworen	ihr	schwort	sie	schworen
wir *haben*	geschworen	ihr *habt*	geschworen	sie *haben*	geschworen
wir *hatten*	geschworen	ihr *hattet*	geschworen	sie *hatten*	geschworen
wir *werden*	schwören	ihr *werdet*	schwören	sie *werden*	schwören
wir *werden*	geschworen *haben*	ihr *werdet*	geschworen *haben*	sie *werden*	geschworen *haben*
wir	schwören	ihr	schwöret	sie	schwören
wir wir	schwüren schwören	ihr ihr	schwüret schwöret	sie sie	schwüren schwören
wir *haben*	geschworen	ihr *habet*	geschworen	sie *haben*	geschworen
wir *hätten*	geschworen	ihr *hättet*	geschworen	sie *hätten*	geschworen
wir *werden*	schwören	ihr *werdet*	schwören	sie *werden*	schwören
wir *würden*	schwören	ihr *würdet*	schwören	sie *würden*	schwören
wir *werden*	geschworen *haben*	ihr *werdet*	geschworen *haben*	sie *werden*	geschworen *haben*
wir *würden*	geschworen *haben*	ihr *würdet*	geschworen *haben*	sie *würden*	geschworen *haben*
	-		schwört		-

67. Können

Mod.	Zeit	1. Person Singular			2. Person Singular			3. Person Singular		
Ind.	Präs.	ich	kann		du	kannst		er	kann	
	Prät.	ich	konnte		du	konntest		er	konnte	
	Perf.	ich *habe*	gekonnt		du *hast*	gekonnt		er *hat*	gekonnt	
	Plus.	ich *hatte*	gekonnt		du *hattest*	gekonnt		er *hatte*	gekonnt	
	Fut. I	ich *werde*	können		du *wirst*	können		er *wird*	können	
	Fut. II	ich *werde*	gekonnt	*haben*	du *wirst*	gekonnt	*haben*	er *wird*	gekonnt	*haben*
Konj.	I Präs.	ich	könne		du	könnest		er	könne	
	II Prät.	ich	könnte		du	könntest		er	könnte	
	I Perf.	ich *habe*	gekonnt		du *habest*	gekonnt		er *habe*	gekonnt	
	II Plus.	ich *hätte*	gekonnt		du *hättest*	gekonnt		er *hätte*	gekonnt	
	I Fut. I	ich *werde*	können		du *werdest*	können		er *werde*	können	
	II Fut. I	ich *würde*	können		du *würdest*	können		er *würde*	können	
	I Fut.II	ich *werde*	gekonnt	*haben*	du *werdest*	gekonnt	*haben*	er *werde*	gekonnt	*haben*
	II Fut.II	ich *würde*	gekonnt	*haben*	du *würdest*	gekonnt	*haben*	er *würde*	gekonnt	*haben*
Imp.		-			-			-		
Inf.	Präs.		können							
	Perf.		gekonnt	*haben*						
	Fut.I		können	*werden*						
	Fut.II		gekonnt	*haben*	*werden*					
Part.	Präs.		könnend							
	Perf.		gekonnt							

1. Person Plural			2. Person Plural			3. Person Plural		
wir	können		ihr	könnt		sie	können	
wir	konnten		ihr	konntet		sie	konnten	
wir *haben*	gekonnt		ihr *habt*	gekonnt		sie *haben*	gekonnt	
wir *hatten*	gekonnt		ihr *hattet*	gekonnt		sie *hatten*	gekonnt	
wir *werden*	können		ihr *werdet*	können		sie *werden*	können	
wir *werden*	gekonnt	*haben*	ihr *werdet*	gekonnt	*haben*	sie *werden*	gekonnt	*haben*
wir	können		ihr	könnet		sie	können	
wir	könnten		ihr	könntet		sie	könnten	
wir *haben*	gekonnt		ihr *habet*	gekonnt		sie *haben*	gekonnt	
wir *hätten*	gekonnt		ihr *hättet*	gekonnt		sie *hätten*	gekonnt	
wir *werden*	können		ihr *werdet*	können		sie *werden*	können	
wir *würden*	können		ihr *würdet*	können		sie *würden*	können	
wir *werden*	gekonnt	*haben*	ihr *werdet*	gekonnt	*haben*	sie *werden*	gekonnt	*haben*
wir *würden*	gekonnt	*haben*	ihr *würdet*	gekonnt	*haben*	sie *würden*	gekonnt	*haben*
-			-			-		

68. Mögen

Mod.	Zeit	1. Person Singular		2. Person Singular		3. Person Singular	
Ind.	Präs.	ich	mag	du	magst	er	mag
	Prät.	ich	mochte	du	mochtest	er	mochte
	Perf.	ich habe	gemocht	du hast	gemocht	er hat	gemocht
	Plus.	ich hatte	gemocht	du hattest	gemocht	er hatte	gemocht
	Fut. I	ich werde	mögen	du wirst	mögen	er wird	mögen
	Fut. II	ich werde	gemocht haben	du wirst	gemocht haben	er wird	gemocht haben
Konj.	I Präs.	ich	möge	du	mögest	er	möge
	II Prät.	ich	möchte	du	möchtest	er	möchte
	I Perf.	ich habe	gemocht	du habest	gemocht	er habe	gemocht
	II Plus.	ich hätte	gemocht	du hättest	gemocht	er hätte	gemocht
	I Fut. I	ich werde	mögen	du werdest	mögen	er werde	mögen
	II Fut. I	ich würde	mögen	du würdest	mögen	er würde	mögen
	I Fut.II	ich werde	gemocht haben	du werdest	gemocht haben	er werde	gemocht haben
	II Fut.II	ich würde	gemocht haben	du würdest	gemocht haben	er würde	gemocht haben
Imp.			-		-		-
Inf.	Präs.		mögen				
	Perf.		gemocht haben				
	Fut.I		mögen werden				
	Fut.II		gemocht haben werden				
Part.	Präs.		mögend				
	Perf.		gemocht				

1. Person Plural			2. Person Plural			3. Person Plural		
wir	mögen		ihr	mögt		sie	mögen	
wir	mochten		ihr	mochtet		sie	mochten	
wir *haben*	gemocht		ihr *habt*	gemocht		sie *haben*	gemocht	
wir *hatten*	gemocht		ihr *hattet*	gemocht		sie *hatten*	gemocht	
wir *werden*	mögen		ihr *werdet*	mögen		sie *werden*	mögen	
wir *werden*	gemocht	*haben*	ihr *werdet*	gemocht	*haben*	sie *werden*	gemocht	*haben*
wir	mögen		ihr	möget		sie	mögen	
wir	möchten		ihr	möchtet		sie	möchten	
wir *haben*	gemocht		ihr *habet*	gemocht		sie *haben*	gemocht	
wir *hätten*	gemocht		ihr *hättet*	gemocht		sie *hätten*	gemocht	
wir *werden*	mögen		ihr *werdet*	mögen		sie *werden*	mögen	
wir *würden*	mögen		ihr *würdet*	mögen		sie *würden*	mögen	
wir *werden*	gemocht	*haben*	ihr *werdet*	gemocht	*haben*	sie *werden*	gemocht	*haben*
wir *würden*	gemocht	*haben*	ihr *würdet*	gemocht	*haben*	sie *würden*	gemocht	*haben*
	-			-			-	

69. Tu*n*

Mod.	Zeit	1. Person Singular			2. Person Singular			3. Person Singular		
Ind.	Präs.	ich	tue		du	tu*st*		er	tu*t*	
	Prät.	ich	**tat**		du	**tat(e)st**		er	**tat**	
	Perf.	ich *habe*	**getan**		du *hast*	**getan**		er *hat*	**getan**	
	Plus.	ich *hatte*	**getan**		du *hattest*	**getan**		er *hatte*	**getan**	
	Fut. I	ich *werde*	tu*n*		du *wirst*	tu*n*		er *wird*	tu*n*	
	Fut. II	ich *werde*	**getan**	*haben*	du *wirst*	**getan**	*haben*	er *wird*	**getan**	*haben*
Konj.	I Präs.	ich	tue		du	tue*st*		er	tue	
	II Prät.	ich	**täte**		du	**tätest**		er	**täte**	
	I Perf.	ich *habe*	**getan**		du *habest*	**getan**		er *habe*	**getan**	
	II Plus.	ich *hätte*	**getan**		du *hättest*	**getan**		er *hätte*	**getan**	
	I Fut. I	ich *werde*	tu*n*		du *werdest*	tu*n*		er *werde*	tu*n*	
	II Fut. I	ich *würde*	tu*n*		du *würdest*	tu*n*		er *würde*	tu*n*	
	I Fut.II	ich *werde*	**getan**	*haben*	du *werdest*	**getan**	*haben*	er *werde*	**getan**	*haben*
	II Fut.II	ich *würde*	**getan**	*haben*	du *würdest*	**getan**	*haben*	er *würde*	**getan**	*haben*
Imp.			-			tu*(e)*			-	

Inf.	Präs.	tu*n*		
	Perf.	**getan**	*haben*	
	Fut.I	tu*n*	*werden*	
	Fut.II	**getan**	*haben*	*werden*
Part.	Präs.	tue*nd*		
	Perf.	**getan**		

Ebenso konjugiert werden die Zusammensetzungen von tun.

1. Person Plural			2. Person Plural			3. Person Plural		
wir	**tun**		ihr	tut		sie	**tun**	
wir	**taten**		ihr	**tatet**		sie	**taten**	
wir *haben*	**getan**		ihr *habt*	**getan**		sie *haben*	**getan**	
wir *hatten*	**getan**		ihr *hattet*	**getan**		sie *hatten*	**getan**	
wir *werden*	tun		ihr *werdet*	tun		sie *werden*	tun	
wir *werden*	**getan**	*haben*	ihr *werdet*	**getan**	*haben*	sie *werden*	**getan**	*haben*
wir	tu*en*		ihr	tu*et*		sie	tu*en*	
wir	**täten**		ihr	**tätet**		sie	**täten**	
wir *haben*	**getan**		ihr *habet*	**getan**		sie *haben*	**getan**	
wir *hätten*	**getan**		ihr *hättet*	**getan**		sie *hätten*	**getan**	
wir *werden*	tun		ihr *werdet*	tun		sie *werden*	tun	
wir *würden*	tun		ihr *würdet*	tun		sie *würden*	tun	
wir *werden*	**getan**	*haben*	ihr *werdet*	**getan**	*haben*	sie *werden*	**getan**	*haben*
wir *würden*	**getan**	*haben*	ihr *würdet*	**getan**	*haben*	sie *würden*	**getan**	*haben*
-			tu*t*			-		

70. Rufen

Mod.	Zeit	1. Person Singular			2. Person Singular			3. Person Singular		
Ind.	Präs.	ich	rufe		du	rufst		er	ruft	
	Prät.	ich	rief		du	riefst		er	rief	
	Perf.	ich *habe*	gerufen		du *hast*	gerufen		er *hat*	gerufen	
	Plus.	ich *hatte*	gerufen		du *hattest*	gerufen		er *hatte*	gerufen	
	Fut. I	ich *werde*	rufen		du *wirst*	rufen		er *wird*	rufen	
	Fut. II	ich *werde*	gerufen	*haben*	du *wirst*	gerufen	*haben*	er *wird*	gerufen	*haben*
Konj.	I Präs.	ich	rufe		du	rufest		er	rufe	
	II Prät.	ich	riefe		du	riefest		er	riefe	
	I Perf.	ich *habe*	gerufen		du *habest*	gerufen		er *habe*	gerufen	
	II Plus.	ich *hätte*	gerufen		du *hättest*	gerufen		er *hätte*	gerufen	
	I Fut. I	ich *werde*	rufen		du *werdest*	rufen		er *werde*	rufen	
	II Fut. I	ich *würde*	rufen		du *würdest*	rufen		er *würde*	rufen	
	I Fut.II	ich *werde*	gerufen	*haben*	du *werdest*	gerufen	*haben*	er *werde*	gerufen	*haben*
	II Fut.II	ich *würde*	gerufen	*haben*	du *würdest*	gerufen	*haben*	er *würde*	gerufen	*haben*
Imp.			-			rufe			-	
Inf.	Präs.		rufen							
	Perf.		gerufen	*haben*						
	Fut.I		rufen	*werden*						
	Fut.II		gerufen	*haben werden*						
Part.	Präs.		rufend							
	Perf.		gerufen							

Ebenso konjugiert werden die Zusammensetzungen von rufen.

1. Person Plural			2. Person Plural			3. Person Plural		
wir	rufen		ihr	ruft		sie	rufen	
wir	**riefen**		ihr	**rieft**		sie	**riefen**	
wir *haben*	gerufen		ihr *habt*	gerufen		sie *haben*	gerufen	
wir *hatten*	gerufen		ihr *hattet*	gerufen		sie *hatten*	gerufen	
wir *werden*	rufen		ihr *werdet*	rufen		sie *werden*	rufen	
wir *werden*	gerufen	*haben*	ihr *werdet*	gerufen	*haben*	sie *werden*	gerufen	*haben*
wir	rufen		ihr	rufet		sie	rufen	
wir	**riefen**		ihr	**riefet**		sie	**riefen**	
wir *haben*	gerufen		ihr *habet*	gerufen		sie *haben*	gerufen	
wir *hätten*	gerufen		ihr *hättet*	gerufen		sie *hätten*	gerufen	
wir *werden*	rufen		ihr *werdet*	rufen		sie *werden*	rufen	
wir *würden*	rufen		ihr *würdet*	rufen		sie *würden*	rufen	
wir *werden*	gerufen	*haben*	ihr *werdet*	gerufen	*haben*	sie *werden*	gerufen	*haben*
wir *würden*	gerufen	*haben*	ihr *würdet*	gerufen	*haben*	sie *würden*	gerufen	*haben*
-			ruft			-		

71. Lügen

Mod.	Zeit	1. Person Singular			2. Person Singular			3. Person Singular		
Ind.	Präs.	ich	lüge		du	lügst		er	lügt	
	Prät.	ich	log		du	logst		er	log	
	Perf.	ich *habe*	gelogen		du *hast*	gelogen		er *hat*	gelogen	
	Plus.	ich *hatte*	gelogen		du *hattest*	gelogen		er *hatte*	gelogen	
	Fut. I	ich *werde*	lügen		du *wirst*	lügen		er *wird*	lügen	
	Fut. II	ich *werde*	gelogen	*haben*	du *wirst*	gelogen	*haben*	er *wird*	gelogen	*haben*
Konj.	I Präs.	ich	lüge		du	lügest		er	lüge	
	II Prät.	ich	löge		du	lögest		er	löge	
	I Perf.	ich *habe*	gelogen		du *habest*	gelogen		er *habe*	gelogen	
	II Plus.	ich *hätte*	gelogen		du *hättest*	gelogen		er *hätte*	gelogen	
	I Fut. I	ich *werde*	lügen		du *werdest*	lügen		er *werde*	lügen	
	II Fut. I	ich *würde*	lügen		du *würdest*	lügen		er *würde*	lügen	
	I Fut.II	ich *werde*	gelogen	*haben*	du *werdest*	gelogen	*haben*	er *werde*	gelogen	*haben*
	II Fut.II	ich *würde*	gelogen	*haben*	du *würdest*	gelogen	*haben*	er *würde*	gelogen	*haben*
Imp.			-			lüge			-	

Mod.	Zeit			
Inf.	Präs.	lügen		
	Perf.	gelogen	*haben*	
	Fut.I	lügen	*werden*	
	Fut.II	gelogen	*haben*	*werden*
Part.	Präs.	lügend		
	Perf.	gelogen		

Ebenso konjugiert werden die Zusammensetzungen von lügen sowie trügen und seine Zusammensetzun

1. Person Plural			2. Person Plural			3. Person Plural		
wir	lügen		ihr	lügt		sie	lügen	
wir	logen		ihr	logt		sie	logen	
wir *haben*	gelogen		ihr *habt*	gelogen		sie *haben*	gelogen	
wir *hatten*	gelogen		ihr *hattet*	gelogen		sie *hatten*	gelogen	
wir *werden*	lügen		ihr *werdet*	lügen		sie *werden*	lügen	
wir *werden*	gelogen	*haben*	ihr *werdet*	gelogen	*haben*	sie *werden*	gelogen	*haben*
wir	lügen		ihr	lüget		sie	lügen	
wir	lögen		ihr	löget		sie	lögen	
wir *haben*	gelogen		ihr *habet*	gelogen		sie *haben*	gelogen	
wir *hätten*	gelogen		ihr *hättet*	gelogen		sie *hätten*	gelogen	
wir *werden*	lügen		ihr *werdet*	lügen		sie *werden*	lügen	
wir *würden*	lügen		ihr *würdet*	lügen		sie *würden*	lügen	
wir *werden*	gelogen	*haben*	ihr *werdet*	gelogen	*haben*	sie *werden*	gelogen	*haben*
wir *würden*	gelogen	*haben*	ihr *würdet*	gelogen	*haben*	sie *würden*	gelogen	*haben*
-			lügt			-		

gen.

72. Müssen

Mod.	Zeit	1. Person Singular			2. Person Singular			3. Person Singular		
Ind.	Präs.	ich	muss		du	musst		er	muss	
	Prät.	ich	musste		du	musstest		er	musste	
	Perf.	ich habe	gemusst		du hast	gemusst		er hat	gemusst	
	Plus.	ich hatte	gemusst		du hattest	gemusst		er hatte	gemusst	
	Fut. I	ich werde	müssen		du wirst	müssen		er wird	müssen	
	Fut. II	ich werde	gemusst	haben	du wirst	gemusst	haben	er wird	gemusst	haben
Konj.	I Präs.	ich	müsse		du	müssest		er	müsse	
	II Prät.	ich	müsste		du	müsstest		er	müsste	
	I Perf.	ich habe	gemusst		du habest	gemusst		er habe	gemusst	
	II Plus.	ich hätte	gemusst		du hättest	gemusst		er hätte	gemusst	
	I Fut. I	ich werde	müssen		du werdest	müssen		er werde	müssen	
	II Fut. I	ich würde	müssen		du würdest	müssen		er würde	müssen	
	I Fut.II	ich werde	gemusst	haben	du werdest	gemusst	haben	er werde	gemusst	haben
	II Fut.II	ich würde	gemusst	haben	du würdest	gemusst	haben	er würde	gemusst	haben
Imp.		-			-			-		
Inf.	Präs.	müssen								
	Perf.	gemusst haben								
	Fut.I	müssen werden								
	Fut.II	gemusst haben werden								
Part.	Präs.	müssend								
	Perf.	gemusst								

1. Person Plural			2. Person Plural			3. Person Plural		
wir	müss*en*		ihr	müss*t*		sie	müss*en*	
wir	muss*ten*		ihr	muss*tet*		sie	muss*ten*	
wir *haben*	*ge*muss*t*		ihr *habt*	*ge*muss*t*		sie *haben*	*ge*muss*t*	
wir *hatten*	*ge*muss*t*		ihr *hattet*	*ge*muss*t*		sie *hatten*	*ge*muss*t*	
wir *werden*	müss*en*		ihr *werdet*	müss*en*		sie *werden*	müss*en*	
wir *werden*	*ge*muss*t*	*haben*	ihr *werdet*	*ge*muss*t*	*haben*	sie *werden*	*ge*muss*t*	*haben*
wir	müss*en*		ihr	müss*et*		sie	müss*en*	
wir	müss*ten*		ihr	müss*tet*		sie	müss*ten*	
wir *haben*	*ge*muss*t*		ihr *habet*	*ge*muss*t*		sie *haben*	*ge*muss*t*	
wir *hätten*	*ge*muss*t*		ihr *hättet*	*ge*muss*t*		sie *hätten*	*ge*muss*t*	
wir *werden*	müss*en*		ihr *werdet*	müss*en*		sie *werden*	müss*en*	
wir *würden*	müss*en*		ihr *würdet*	müss*en*		sie *würden*	müss*en*	
wir *werden*	*ge*muss*t*	*haben*	ihr *werdet*	*ge*muss*t*	*haben*	sie *werden*	*ge*muss*t*	*haben*
wir *würden*	*ge*muss*t*	*haben*	ihr *würdet*	*ge*muss*t*	*haben*	sie *würden*	*ge*muss*t*	*haben*
-			-			-		

73. Dürf*en*

Mod.	Zeit	1. Person Singular			2. Person Singular			3. Person Singular		
Ind.	Präs.	ich	darf		du	darfst		er	darf	
	Prät.	ich	durf*te*		du	durf*test*		er	durf*te*	
	Perf.	ich *habe*	*ge*durf*t*		du *hast*	*ge*durf*t*		er *hat*	*ge*durf*t*	
	Plus.	ich *hatte*	*ge*durf*t*		du *hattest*	*ge*durf*t*		er *hatte*	*ge*durf*t*	
	Fut. I	ich *werde*	dürf*en*		du *wirst*	dürf*en*		er *wird*	dürf*en*	
	Fut. II	ich *werde*	*ge*durf*t*	*haben*	du *wirst*	*ge*durf*t*	*haben*	er *wird*	*ge*durf*t*	*haben*
Konj.	I Präs.	ich	dürf*e*		du	dürf*est*		er	dürf*e*	
	II Prät.	ich	dürf*te*		du	dürf*test*		er	dürf*te*	
	I Perf.	ich *habe*	*ge*durf*t*		du *habest*	*ge*durf*t*		er *habe*	*ge*durf*t*	
	II Plus.	ich *hätte*	*ge*durf*t*		du *hättest*	*ge*durf*t*		er *hätte*	*ge*durf*t*	
	I Fut. I	ich *werde*	dürf*en*		du *werdest*	dürf*en*		er *werde*	dürf*en*	
	II Fut. I	ich *würde*	dürf*en*		du *würdest*	dürf*en*		er *würde*	dürf*en*	
	I Fut.II	ich *werde*	*ge*durf*t*	*haben*	du *werdest*	*ge*durf*t*	*haben*	er *werde*	*ge*durf*t*	*haben*
	II Fut.II	ich *würde*	*ge*durf*t*	*haben*	du *würdest*	*ge*durf*t*	*haben*	er *würde*	*ge*durf*t*	*haben*
Imp.		-			-			-		
Inf.	Präs.		dürf*en*							
	Perf.		*ge*durf*t*	*haben*						
	Fut.I		dürf*en*	*werden*						
	Fut.II		*ge*durf*t*	*haben* *werden*						
Part.	Präs.		dürf*end*							
	Perf.		*ge*durf*t*							

1. Person Plural			2. Person Plural			3. Person Plural		
wir	dürfen		ihr	dürft		sie	dürfen	
wir	durften		ihr	durftet		sie	durften	
wir *haben*	gedurft		ihr *habt*	gedurft		sie *haben*	gedurft	
wir *hatten*	gedurft		ihr *hattet*	gedurft		sie *hatten*	gedurft	
wir *werden*	dürfen		ihr *werdet*	dürfen		sie *werden*	dürfen	
wir *werden*	gedurft	*haben*	ihr *werdet*	gedurft	*haben*	sie *werden*	gedurft	*haben*
wir	dürfen		ihr	dürfet		sie	dürfen	
wir	dürften		ihr	dürftet		sie	dürften	
wir *haben*	gedurft		ihr *habet*	gedurft		sie *haben*	gedurft	
wir *hätten*	gedurft		ihr *hättet*	gedurft		sie *hättet*	gedurft	
wir *werden*	dürfen		ihr *werdet*	dürfen		sie *werden*	dürfen	
wir *würden*	dürfen		ihr *würdet*	dürfen		sie *würden*	dürfen	
wir *werden*	gedurft	*haben*	ihr *werdet*	gedurft	*haben*	sie *werden*	gedurft	*haben*
wir *würden*	gedurft	*haben*	ihr *würdet*	gedurft	*haben*	sie *würden*	gedurft	*haben*
-			-			-		

dürfen

Die Konjugation der reflexiven Verben

Mod.	Zeit	1. Person Singular	2. Person Singular	3. Person Singular
Ind.	Präs.	ich setze **mich**	du setzt **dich**	er setzt **sich**
	Prät.	ich setzte **mich**	du setztest **dich**	er setzte **sich**
	Perf.	ich *habe* **mich** *ge*setzt	du *hast* **dich** *ge*setzt	er *hat* **sich** *ge*setzt
	Plus.	ich *hatte* **mich** *ge*setzt	du *hattest* **dich** *ge*setzt	er *hatte* **sich** *ge*setzt
	Fut. I	ich *werde* **mich** setzen	du *wirst* **dich** setzen	er *wird* **sich** setzen
	Fut. II	ich *werde* **mich** *ge*setzt *haben*	du *wirst* **dich** *ge*setzt *haben*	er *wird* **sich** *ge*setzt *haben*
Konj.	I Präs.	ich setze **mich**	du setzest **dich**	er setze **sich**
	II Prät.	ich setzte **mich**	du setztest **dich**	er setzte **sich**
	I Perf.	ich *habe* **mich** *ge*setzt	du *habest* **dich** *ge*setzt	er *habe* **sich** *ge*setzt
	II Plus.	ich *hätte* **mich** *ge*setzt	du *hättest* **dich** *ge*setzt	er *hätte* **sich** *ge*setzt
	I Fut. I	ich *werde* **mich** setzen	du *werdest* **dich** setzen	er *werde* **sich** setzen
	II Fut. I	ich *würde* **mich** setzen	du *würdest* **dich** setzen	er *würde* **sich** setzen
	I Fut.II	ich *werde* **mich** *ge*setzt *haben*	du *werdest* **dich** *ge*setzt *haben*	er *werde* **sich** *ge*setzt *haben*
	II Fut.II	ich *würde* **mich** *ge*setzt *haben*	du *würdest* **dich** *ge*setzt *haben*	er *würde* **sich** *ge*setzt *haben*
Imp.		-	setz(*e*) **dich**	-
Inf.	Präs.	**sich** setzen		
	Perf.	**sich** *ge*setzt *haben*		
	Fut.I	**sich** setzen *werden*		
	Fut.II	**sich** *ge*setzt *haben* *werden*		
Part.	Präs.	**sich** setzend		
	Perf.	**sich** *ge*setzt		

1. Person Plural	2. Person Plural	3. Person Plural
wir setzen uns	ihr setzt euch	sie setzen sich
wir setzten uns	ihr setztet euch	sie setzten sich
wir haben uns gesetzt	ihr habt euch gesetzt	sie haben sich gesetzt
wir hatten uns gesetzt	ihr hattet euch gesetzt	sie hatten sich gesetzt
wir werden uns setzen	ihr werdet euch setzen	sie werden sich setzen
wir werden uns gesetzt haben	ihr werdet euch gesetzt haben	sie werden sich gesetzt haben
wir setzen uns	ihr setzet euch	sie setzen sich
wir setzten uns	ihr setztet euch	sie setzten sich
wir haben uns gesetzt	ihr habet euch gesetzt	sie haben sich gesetzt
wir hätten uns gesetzt	ihr hättet euch gesetzt	sie hätten sich gesetzt
wir werden uns setzen	ihr werdet euch setzen	sie werden sich setzen
wir würden uns setzen	ihr würdet euch setzen	sie würden sich setzen
wir werden uns gesetzt haben	ihr werdet euch gesetzt haben	sie werden sich gesetzt haben
wir würden uns gesetzt haben	ihr würdet euch gesetzt haben	sie würden sich gesetzt haben
-	setzt euch	-

Die Konjugation im Vorgangspassiv

Mod.	Zeit	1. Person Singular	2. Person Singular	3. Person Singular
Ind.	Präs.	werde geliebt	wirst geliebt	wird geliebt
	Prät.	wurde geliebt	wurdest geliebt	wurde geliebt
	Perf.	bin geliebt worden	bist geliebt worden	ist geliebt worden
	Plus.	war geliebt worden	warst geliebt worden	war geliebt worden
	Fut. I	werde geliebt werden	wirst geliebt werden	wird geliebt werden
	Fut. II	werde geliebt worden sein	wirst geliebt worden sein	wird geliebt worden sein
Konj.	I Präs.	werde geliebt	werdest geliebt	werde geliebt
	II Prät.	würde geliebt	würdest geliebt	würde geliebt
	I Perf.	sei geliebt worden	sei(e)st geliebt worden	sei worden
	II Plus.	wäre geliebt worden	wär(e)st geliebt worden	wäre geliebt worden
	I Fut. I	werde geliebt werden	werdest geliebt werden	werde geliebt werden
	II Fut. I	würde geliebt werden	würdest geliebt werden	würde geliebt werden
	I Fut.II	werde geliebt worden sein	werdest geliebt worden sein	werde geliebt worden sein
	II Fut.II	würde geliebt worden sein	würdest geliebt worden sein	würde geliebt worden sein
Imp.		-	werde geliebt	-
Inf.	Präs.	geliebt werden		
	Perf.	geliebt worden sein		

Die Konjugation im Zustandspassiv

Mod.	Zeit	1. Person Singular	2. Person Singular	3. Person Singular
Ind.	Präs.	bin geliebt	bist geliebt	ist geliebt
	Prät.	war geliebt	warst geliebt	war geliebt
	Perf.	bin geliebt gewesen	bist geliebt gewesen	ist geliebt gewesen
	Plus.	war geliebt gewesen	warst geliebt gewesen	war geliebt gewesen
	Fut. I	werde geliebt sein	wirst geliebt sein	wird geliebt sein
	Fut. II	werde geliebt gewesen sein	wirst geliebt gewesen sein	wird geliebt gewesen sein
Konj.	I Präs.	sei geliebt	sei(e)st geliebt	sei geliebt
	II Prät.	wäre geliebt	wär(e)st geliebt	wäre geliebt
	I Perf.	sei geliebt gewesen	sei(e)st geliebt gewesen	sei geliebt gewesen
	II Plus.	wäre geliebt gewesen	wär(e)st geliebt gewesen	wäre geliebt gewesen
	I Fut. I	werde geliebt sein	werdest geliebt sein	werde geliebt sein
	II Fut. I	würde geliebt sein	würdest geliebt sein	würde geliebt sein
	I Fut.II	werde geliebt gewesen sein	werdest geliebt gewesen sein	werde geliebt gewesen sein
	II Fut.II	würde geliebt gewesen sein	würdest geliebt gewesen sein	würde geliebt gewesen sein
Imp.		-	sei geliebt	-
Inf.	Präs.	geliebt sein		
	Perf.	geliebt gewesen sein		

Aus Platzgründen wurden die Personalpronomen weggelassen.

1. Person Plural				2. Person Plural				3. Person Plural			
werden	geliebt			werdet	geliebt			werden	geliebt		
wurden	geliebt			wurdet	geliebt			wurden	geliebt		
sind	geliebt	worden		seid	geliebt	worden		sind	geliebt	worden	
waren	geliebt	worden		wart	geliebt	worden		waren	geliebt	worden	
werden	geliebt	werden		werdet	geliebt	werden		werden	geliebt	werden	
werden	geliebt	worden	sein	werdet	geliebt	worden	sein	werden	geliebt	worden	sein
werden	geliebt			werdet	geliebt			werden	geliebt		
würden	geliebt			würdet	geliebt			würden	geliebt		
seien	geliebt	worden		seid	geliebt	worden		seien	geliebt	worden	
wären	geliebt	worden		wärt	geliebt	worden		wären	geliebt	worden	
werden	geliebt	werden		werdet	geliebt	werden		werden	geliebt	werden	
würden	geliebt	werden		würdet	geliebt	werden		würden	geliebt	werden	
werden	geliebt	worden	sein	werdet	geliebt	worden	sein	werden	geliebt	worden	sein
würden	geliebt	worden	sein	würdet	geliebt	worden	sein	würden	geliebt	worden	sein
-				werdet	geliebt			-			

1. Person Plural				2. Person Plural				3. Person Plural			
sind	geliebt			seid	geliebt			sind	geliebt		
waren	geliebt			wart	geliebt			waren	geliebt		
sind	geliebt	gewesen		seid	geliebt	gewesen		sind	geliebt	gewesen	
waren	geliebt	gewesen		wart	geliebt	gewesen		waren	geliebt	gewesen	
werden	geliebt	sein		werdet	geliebt	sein		werden	geliebt	sein	
werden	geliebt	gewesen	sein	werdet	geliebt	gewesen	sein	werden	geliebt	gewesen	sein
seien	geliebt			seiet	geliebt			seien	geliebt		
wären	geliebt			wär(e)t	geliebt			wären	geliebt		
seien	geliebt	gewesen		seiet	geliebt	gewesen		seien	geliebt	gewesen	
wären	geliebt	gewesen		wär(e)t	geliebt	gewesen		wären	geliebt	gewesen	
werden	geliebt	sein		werdet	geliebt	sein		werden	geliebt	sein	
würden	geliebt	sein		würdet	geliebt	sein		würden	geliebt	sein	
werden	geliebt	gewesen	sein	werdet	geliebt	gewesen	sein	werden	geliebt	gewesen	sein
würden	geliebt	gewesen	sein	würdest	geliebt	gewesen	sein	würden	geliebt	gewesen	sein
-				seid	geliebt			-			

INDEX

Zu jedem Verb ist eine Ziffer angegeben, die auf die Seite verweist, auf der das Beispielverb zu finden ist, nach dem das gesuchte Verb zu konjugieren ist.

Die Verben sind mit *t* bzw. *i* gekennzeichnet, wobei *t.* die transitiven Verben und *i.* die intransitiven Verben bezeichnet. Objekte und Präpositionen sind in wichtigen Fällen angegeben (z. B. jm. etw. abfordern).

Die Verben, die mit sein zu konjugieren sind, sind mit [sein] gekennzeichnet. Verben ohne Kennzeichnung werden mit haben konjugiert. Bei den mit *t.* [haben], *i.* [sein] gekennzeichneten Verben wird bei transitivem Gebrauch mit haben konjugiert (z. B. ich habe *das Auto* gefahren), bei intransitivem Gebrauch wird mit sein konjugiert (z. B. ich bin nach Paris gefahren).

Die reflexiven Verben sind durch *r.* gekennzeichnet.

Die unpersönlichen Verben können nur mit es als Subjekt verbunden werden und stehen in der 3. Person Singular. Sie sind durch unp. gekennzeichnet (z. B. es regnet).

Vorsilben, die dem Verb im Präsens und Präteritum nachgestellt und im Partizip vorangestellt werden sind kursiv gedruckt. Das Verb selbst wird nach dem unter der angegebenen Ziffer dargestellten Beispielverb konjugiert (z. B. *ab*beißen, 60 wird wie beißen konjugiert, stellt die Vorsilbe wie unter der Ziffer 5 dargestellt im Präsens und Präteritum nach (ich beiße ab, ich biss ab etc.) und im Partizip voran (ich habe *ab*gebissen). Dies gilt auch bei Verben, die – wie unter der Ziffer 9 dargestellt – ohne ge- gebildet werden (z. B. *ab*kommandieren, 9 wird wie studieren (ohne ge-) konjugiert und stellt die Vorsilbe im Präsens und Präteritum nach (ich kommandiere ab, ich kommandierte ab), und im Partizip Perfekt voran, aber ohne ge- (ich habe abkommandiert). Verben ohne kursiv gedruckte Vorsilbe ändern die Position der Vorsilbe nicht (z. B. umkreisen, 6 ich umkreise, ich umkreiste, ich habe umkreist). Hiervon abweichende Partizipien sind angegeben (z. B. *herauf*beschwören, 66 wird wie das unter der Ziffer 66 dargestellte Beispielverb schwören konjugiert, die kursiv gedruckte Vorsilbe zeigt an, dass diese im Präsens und Präteritum vorangestellt werden muss (ich beschwöre herauf und ich beschwor herauf). Im Partizip Perfekt steht die Vorsilbe wieder vor dem Verb, das Partizip wird jedoch ohne gegebildet, beschworen, also heraufbeschworen).

A

abmühen, *r.*	5
sich mit etw. ~	
abmurksen, *t.*	6
abnabeln, *t., r.*	5
abnagen, *t.*	5
abnähen, *t.*	5
abnehmen, *t., i.*	37
jm. etw. ~	
abnötigen, *t.*	5
jm. etw. ~	
abnutzen, *t., r.*	6
abnützen, *t., r.*	6
abonnieren, *t.*	9
abordnen, *t.*	7
abpacken, *t.*	5
abpassen, *t.*	6
abpatrouillieren, *t.*	9
abpausen, *t.*	6
abpellen, *t.*	5
abpfeifen, *t.*	58
abpflücken, *t.*	5
abprallen, *i.* [sein]	5
an jm. ~	
abpumpen, *t.*	5
abputzen, *t.*	6
abrackern, *r.*	5
abrahmen, *t.*	5
abrasieren, *t.*	9
jm. etw. ~	
abraspeln, *t.*	5
abraten, *t., i.*	11
jm. von etw. ~	
abräumen, *t.*	5
abreagieren, *t., r.*	9
abrechnen, *t.*	7
abregen, *r.*	5
abreiben, *t.*	61
abreisen, *i.* [sein]	6
abreißen, *t.* [sein]	60
abrichten, *t.*	7
abriegeln, *t.*	5
abrollen, *t.*	5
abrosten, *i.* [sein]	7
abrücken, *i.* [sein]	5
von jm./etw. ~	
abrufen, *t.*	70
abrunden, *t.*	7
abrupfen, *t.*	5
abrüsten, *t., i.*	7
abrutschen, *i.* [sein]	5
du rutschst ab	
absäbeln, *t.*	5
absacken, *i.* [sein]	5
absagen, *t.*	5
absägen, *t.*	5
absahnen, *t.*	5
absatteln, *t.*	5
absaugen, *t.*	19
abschaben, *t.*	5
abschaffen, *t.*	16
abschälen, *t.*	5
abschalten, *t.*	7
abschätzen, *t.*	6
abscheiden, *t.* [haben], *i.* [sein]	61
abscheren, *t.*	41
abscheuern, *t.*	5
abschicken, *t.*	5
abschieben, *t., i.*	52
abschießen, *t.*	53
abschirmen, *t., i.*	5
abschirren, *t.*	5
abschlachten, *t.*	7
abschlagen, *t.*	15
jm. etw. ~	
abschleifen, *t.*	58
abschleppen, *t.*	5
abschließen, *t.*	53
abschmecken, *t.*	5
abschmeicheln, *t.*	5
jm. etw. ~	
abschminken, *t., r.*	5
abschmirgeln, *t.*	5
abschnallen, *t.*	5
abschneiden, *t.*	59
jm. etw. ~	
abschnüren, *t.*	5
abschöpfen, *t.*	5
abschrägen, *t.*	5
abschrauben, *t.*	5
abschrecken, *t.*	40
abschreiben, *t.*	61
abschreiten, *t.*	58
abschuppen, *t., r.*	5
abschürfen, *t., r.*	5
abschütteln, *t.*	5
abschwächen, *t., r.*	5
abschweifen, *i.* [sein]	5
von etw. ~	
abschwellen, *i.* [sein]	39
abschwirren, *i.* [sein]	5
abschwören, *t.*	66
absehen, *t., i.*	31
von etw. ~	
abseifen, *t., r.*	5
abseihen, *t.*	5
abseilen, *t., r.*	5
absenden, *t.*	24
absengen, *t.*	5
absenken, *t., r.*	5
absetzen, *t., i., r.*	6
absieben, *t.*	5
absinken, *i.* [sein]	47
absolvieren, *t.*	9
absondern, *t., r.*	5
absorbieren, *t.*	9
abspalten, *t., r.*	7
Part.: abgespalten	
abspannen, *t.*	5
absparen, *t., r.*	5
abspeisen, *t.*	6
jn. mit etw. ~	
abspecken, *i.*	5
absperren, *t.*	5
abspielen, *t., r.*	5
absplittern, *i.* [sein]	5
abspringen, *i.* [sein]	47
abspulen, *t.*	5
abspülen, *t.*	5
abstammen, *i.*	5
von jm./etw. ~	
abstauben, *t.*	5
abstecken, *t.*	5
abstehen, *i.*	28
abstellen, *t.*	5
abstempeln, *t.*	5
absteppen, *t.*	5
absterben, *i.* [sein]	36
abstillen, *t.*	5
abstimmen, *t., i.*	5
auf jn./etw. ~, etw. mit jm ~; über etw./jn. ~	
abstoppen, *t.*	5
abstoßen, *t.*	64
abstrahieren, *t.*	9
abstreifen, *t.*	5
abstreiten, *t.*	58
abstufen, *t.*	5
abstumpfen, *i.* [sein]	5
abstürzen, *i.* [sein]	6
abstützen, *t., r.*	6
absuchen, *t.*	5
abtakeln, *t.*	5
abtasten, *t.*	7
abtauen, *t.* [haben], *i.* [sein]	5
abteilen, *t.*	5
abtippen, *t.*	5
abtöten, *t.*	7
abtragen, *t.*	15
abtreiben, *t.* [haben], *i.* [sein]	61

Verb	Nr.
abtrennen, *t.*	5
abtreten, *t.* [haben], *i.* [sein]	32
jm. etw. ~	
abtrocknen, *t.*, *i.*	7
abtropfen, *i.* [sein]	5
abtupfen, *t.*	5
aburteilen, *t.*	5
jn. ~ als	
abverlangen, *t.*	9
jm. etw. ~	
abwägen, *t.*	23
abwählen, *t.*	5
abwandeln, *t.*	5
abwandern, *i.* [sein]	5
abwarten, *t.*	7
abwaschen, *t.*, *r.*	15
abwechseln, *i.*, *r.*	5
abwehren, *t.*	5
abweichen, *i.* [sein]	57
von etw. ~	
abweiden, *t.*	7
abweisen, *t.*	61
abwenden, *t.*, *r.*	24
abwerfen, *t.*	36
abwerten, *t.*	7
abwickeln, *t.*	5
abwiegen, *t.*	52
abwischen, *t.*	5
du wischst ab	
abwürgen, *t.*	5
abzahlen, *t.*	5
abzapfen, *t.*	5
abzäumen, *t.*	5
abzehren, *t.*	5
abzeichnen, *t.*, *r.*	7
abziehen, *t.* [haben], *i.* [sein]	54
abzielen, *t.*, *i.*	5
auf jn./etw.	
abzischen, *i.* [sein]	5
du zischst ab	
abzupfen, *t.*	5
abzwacken, *t.*	5
abzweigen, *t.*	5
abzwicken, *t.*	5
achten, *t.*, *i.*	7
auf jn./etw. ~	
ächten, *t.*	7
ächzen, *t.*, *i.*	6
ackern, *i.*	4
addieren, *t.*	9
adeln, *t.*	4
adoptieren, *t.*	9
adressieren, *t.*	9
an jn. ~	
agieren, *i.*	9
ahnden, *t.*	7
ähneln, *i.*	4
jm. ~	
ahnen, *t.*	4
akklimatisieren, *r.*	9
akkreditieren, *t.*	9
aktivieren, *t.*	9
aktualisieren, *t.*	9
akzentuieren, *t.*	9
akzeptieren, *t.*	9
alarmieren, *t.*	9
alkoholisieren, *i.* [sein]	9
amnestieren, *t.*	9
amortisieren, *t.*, *r.*	9
amputieren, *t.*	9
jm. ein Bein ~	
amtieren, *i.*	9
~ als	
amüsieren, *t.*, *r.*	9
analysieren, *t.*	9
anbahnen, *t.*, *r.*	5
anbauen, *t.*	5
anbeißen, *t.*, *i.*	60
anbelangen, *t.*	5
Part.: anbelangt	
was ... anbelangt	
anbellen, *t.*	5
anberaumen, *t.*	5
Part.: anberaumt	
anbeten, *t.*	7
anbetreffen, *t.*	33
Part.: anbetroffen	
was ... anbetrifft	
anbieten, *t.*	52
anbinden, *t.*	47
anbohren, *t.*	5
anbraten, *t.*	11
anbrechen, *t.* [haben], *i.* [sein]	35
anbrennen, *t.* [haben], *i.* [sein]	25
anbringen, *t.*	43
anbrüllen, *t.*	5
andauern, *i.*	5
ändern, *t.*, *r.*	4
andeuten, *t.*	7
jm. etw. ~	
andrehen, *t.*	5
jm. etw. ~	
androhen, *t.*	5
jm. etw. ~	
andrücken, *t.*	5
aneignen, *r.*	7
anekeln, *t.*	5
anerkennen, *t.*	25
Part.: anerkannt	
anfachen, *t.*	5
anfahren, *t.*	15
anfallen, *t.*	12
anfangen, *t.*	10
anfassen, *t.*	6
anfechten, *t.*	39
anfeinden, *t.*	7
anfertigen, *t.*	5
anfeuchten, *t.*	7
anfeuern, *t.*	5
anflehen, *t.*	5
anfordern, *t.*	5
anfügen, *t.*	5
anführen, *t.*	5
etw. als Grund ~	
anfüllen, *t.*	5
angeben, *t.*	29
etw. als Grund ~	
angehen, *t.* [haben], *i.* [sein]	42
gegen etw. ~	
angehören, *i.*	5
Part.: angehört	
jm./einer Sache ~	
angeln, *t.*	4
angewöhnen, *t.*, *r.*	5
Part.: angewöhnt	
jm. etw. ~	
angleichen, *t.*, *r.*	57
angliedern, *t.*	5
anglotzen, *t.*	6
angreifen, *t.*	58
angrenzen, *i.*	6
an etw. ~	
angrinsen, *t.*	6
ängstigen, *t.*, *r.*	4
anhaben, *t.*	1
etw. (Kleid) ~; jm. etw. ~	
anhaften, *i.*	7
jm./einer Sache ~	
anhaken, *t.*	5
anhalten, *t.*, *i.*	11
jn. *zu* etw. ~	
anhängen, *t.*, *i.*	22
Part.: angehängt	
jm. etw. ~	
anhäufen, *t.*, *r.*	5
anheben, *t.*	41
anheften, *t.*	7
anheizen, *t.*	6
anherrschen, *t.*	5

aufrüsten, *t.* 7
aufrütteln, *t.* 5
aufsagen, *t.* 5
aufsaugen, *t.* 19
aufscheuchen, *t.* 5
aufschichten, *t.* 7
aufschieben, *t.* 52
aufschlagen, *t.* 15
aufschließen, *t.* 53
aufschlitzen, *t.* 6
aufschneiden, *t.* 59
aufschnüren, *t.* 5
aufschrauben, *t.* 5
aufschrecken, *t.* [haben], *i.* [sein] 40
Part.: aufgeschreckt
aufschreiben, *t.* 61
jm. etw. ~
aufschreien, *i.* 61
aufschürfen, *t.* 5
aufschütteln, *t.* 5
aufschütten, *t.* 7
aufsetzen, *t.*, *r.* 6
aufsitzen, *i.* [sein] 45
aufspalten, *t.*, *r.* 7
Part.: aufgespalten
aufspannen, *t.* 5
aufspielen, *i.*, *r.* 5
aufspießen, *t.* 6
aufspringen, *i.* [sein] 47
aufspulen, *t.* 5
aufspüren, *t.* 5
aufstacheln, *t.* 5
aufstampfen, *i.* 5
aufstapeln, *t.* 5
aufstecken, *t.* 5
aufstehen, *i.* [sein] 28
aufsteigen, *i.* [sein] 61
aufstellen, *t.*, *r.* 5
aufstöbern, *t.* 5
aufstoßen, *t.*, *i.* 64
aufstülpen, *t.* 5
aufstützen, *r.* 6
aufsuchen, *t.* 5
auftakeln, *t.*, *r.* 5
auftanken, *t.* 5
auftauchen, *i.* [sein] 5
auftauen, *t.* [haben], *i.* [sein] 5
aufteilen, *t.* 5
auftragen, *t.* 15
~ auf
auftreiben, *t.* 61
auftrennen, *t.* 5
auftreten, *i.* [sein] 32

aufwachen, *i.* [sein] 5
aufwärmen, *t.* 5
aufwarten, *i.* 7
mit etw. ~
aufwecken, *t.* 5
aufweichen, *t.* 5
aufweisen, *t.* 61
aufwenden, *t.* 24
aufwerten, *t.* 7
aufwickeln, *t.* 5
aufwiegeln, *t.* 5
aufwirbeln, *t.* 5
aufwischen, *t.* 5
du wischst auf
aufwühlen, *t.* 5
aufzählen, *t.* 5
aufzäumen, *t.* 5
aufzehren, *t.* 5
aufzeichnen, *t.* 7
aufziehen, *t.* 54
ausarbeiten, *t.* 7
ausarten, *i.* [sein] 7
ausatmen, *t.*, *i.* 7
ausbacken, *t.* 15
ausbaggern, *t.* 5
ausbauchen, *t.* 5
ausbauen, *t.* 5
ausbessern, *t.* 5
ausbeulen, *t.*, *r.* 5
ausbezahlen, *t.* 5
Part.: ausbezahlt
ausbilden, *t.* 7
ausblasen, *t.* 11
ausbleichen, *i.* [sein] 57
ausbohren, *t.* 5
ausbooten, *t.* 7
ausborgen, *t.* 5
jm. etw. ~
ausbrechen, *t.* [haben], *i.* [sein] 35
ausbreiten, *t.*, *r.* 7
ausbrennen, *t.* 25
ausbrüten, *t.* 7
ausbügeln, *t.* 5
ausbuhen, *t.* 5
ausbürgern, *t.* 5
ausbürsten, *t.* 7
auschecken, *i.* 5
ausdehnen, *t.*, *r.* 5
ausdenken, *t.*, *r.* 27
ausdorren, *i.* [sein] 5
ausdörren, *i.* [sein] 5
ausdrücken, *t.*, *r.* 5
ausdünsten, *t.* 7

ausfädeln, *t.* 5
ausfeilen, *t.* 5
ausfertigen, *t.* 5
ausfließen, *i.* [sein] 53
ausflocken, *i.* [sein] 5
ausforschen, *t.* 5
du forschst aus
ausfragen, *t.* 5
ausfransen, *i.* [sein] 6
ausfräsen, *t.* 6
ausfugen, *t.* 5
ausführen, *t.* 5
ausfüllen, *t.* 5
ausgeben, *t.* 29
ausgehen, *i.* [sein] 42
ausgießen, *t.* 53
ausgleichen, *t.* 57
ausgleiten, *i.* [sein] 58
ausgraben, *t.* 15
aushaken, *t.* 5
aushalten, *t.* 11
aushandeln, *t.* 5
aushändigen, *t.* 5
jm. etw. ~
ausharren, *i.* 5
aushauchen, *t.* 5
ausheben, *t.* 41
aushecken, *t.* 5
aushöhlen, *t.* 5
aushorchen, *t.* 5
aushülsen, *t.* 6
aushungern, *t.* 5
aushusten, *t.* 7
auskämmen, *t.* 5
auskehren, *t.* 5
auskennen, *r.* 25
auskernen, *t.* 5
auskippen, *t.* 5
auskleiden, *t.*, *r.* 7
ausklinken, *t.*, *r.* 5
ausknobeln, *t.* 5
auskommen, *i.* [sein] 63
mit etw. ~
auskosten, *t.* 7
auskratzen, *t.* 6
auskugeln, *t.*, *r.* 5
auskühlen, *i.* [sein] 5
auskundschaften, *t.* 7
auskuppeln, *t.* 5
auslachen, *t.* 5
ausladen, *t.* 15
auslassen, *t.* 13
auslaufen, *i.* [sein] 17

auslaugen, *t.*	5
ausleeren, *t.*	5
auslegen, *t.*	5
ausleihen, *t.*	61
jm. etw. ~	
auslesen, *t.*	31
ausleuchten, *t.*	7
auslichten, *t.*	7
ausliefern, *t.*	5
auslöffeln, *t.*	5
auslöschen, *t.*	5
du löschst auf	
auslosen, *t.*	6
auslösen, *t.*	6
ausloten, *t.*	7
auslüften, *t., i.*	7
ausmachen, *t.*	5
ausmalen, *t., r.*	5
sich etw. ~	
ausmergeln, *i.* [sein]	5
ausmerzen, *t.*	6
ausmessen, *t.*	30
ausmisten, *t.*	7
ausmitteln, *t.*	5
ausnehmen, *t.*	37
ausnutzen, *t.*	6
auspacken, *t.*	5
auspeitschen, *t.*	5
du peitschst aus	
auspellen, *t.*	5
auspfeifen, *t.*	58
auspflanzen, *t.*	6
ausplaudern, *t.*	5
ausplündern, *t.*	5
auspolstern, *t.*	5
ausposaunen, *t.*	5
Part.: ausposaunt	
auspressen, *t.*	6
ausprobieren, *t.*	9
Part.: ausprobiert	
auspumpen, *t.*	5
auspusten, *t.*	7
ausputzen, *t.*	6
ausquartieren, *t.*	9
Part.: ausquartiert	
ausradieren, *t.*	9
Part.: ausradiert	
ausrangieren, *t.*	9
Part.: ausrangiert	
ausrauben, *t.*	5
ausräuchern, *t.*	5
ausräumen, *t.*	5
ausrechnen, *t.*	7
ausreden, *t.*	7
jm. etw. ~	
ausreichen, *i.*	5
ausreifen, *i.* [sein]	5
ausreisen, *i.* [sein]	6
ausreißen, *t.* [haben], *i.* [sein]	60
ausreiten, *i.* [sein]	58
ausrenken, *t.*	5
ausrichten, *t.*	7
jm. etw. ~	
ausroden, *t.*	7
ausrollen, *t.*	5
ausrotten, *t.*	7
ausrufen, *t.*	70
ausruhen, *r.*	5
ausrüsten, *t.*	7
mit etw. ~	
ausrutschen, *i.* [sein]	5
du rutschst aus	
aussäen, *t.*	5
aussagen, *t.*	5
aussägen, *t.*	5
aussaugen, *t.*	19
ausschalen, *t.*	5
ausschalten, *t.*	7
ausscheiden, *t.*	61
ausschelten, *t.*	35
ausscheren, *i.* [sein]	41
ausschiffen, *t.*	5
ausschimpfen, *t.*	5
ausschirren, *t.*	5
ausschlachten, *t.*	7
ausschlagen, *t.*	15
ausschließen, *t.*	53
ausschlürfen, *t.*	5
ausschmücken, *t.*	5
ausschneiden, *t.*	59
ausschnüffeln, *t.*	5
ausschöpfen, *t.*	5
ausschreiben, *t.*	61
ausschreien, *t.*	61
ausschulen, *t.*	5
ausschütteln, *t.*	5
ausschütten, *t.*	7
ausschwärmen, *i.* [sein]	5
ausschwatzen, *t.*	6
ausschwefeln, *t.*	5
ausschwitzen, *t.*	6
aussehen, *i.*	31
aussenden, *t.*	24
äußern, *t., r.*	4
aussetzen, *t., r.*	6
aussieben, *t.*	5
aussöhnen, *t., r.*	5
sich mit jm. ~	
aussondern, *t.*	5
aussortieren, *t.*	9
Part.: aussortiert	
ausspäen, *t.*	5
ausspannen, *t., i.*	5
ausspeien, *t.*	61
aussperren, *t.*	5
ausspielen, *t.*	5
ausspionieren, *t.*	9
Part.: ausspioniert	
aussprechen, *t., r.*	35
sich für etw. ~	
ausspucken, *t.*	5
ausspülen, *t.*	5
ausstaffieren, *t., r.*	9
Part.: ausstaffiert	
ausstanzen, *t.*	6
ausstatten, *t.*	7
ausstechen, *t.*	35
ausstehen, *t., i.*	28
aussteigen, *i.* [sein]	61
ausstellen, *t.*	5
ausstopfen, *t.*	5
ausstoßen, *t.*	64
ausstrahlen, *t.*	5
ausstrecken, *t.*	5
ausstreichen, *t.*	57
ausstreuen, *t.*	5
ausströmen, *i.* [sein]	5
aussuchen, *t.*	5
austauschen, *t.*	5
du tauschst aus	
austeilen, *t.*	5
austoben, *t., r.*	5
austragen, *t.*	15
austreiben, *t.*	61
jm. etw. ~	
austreten, *t.* [haben], *i.* [sein]	32
austrocknen, *i.* [sein]	7
austüfteln, *t.*	5
ausüben, *t.*	5
auswählen, *t.*	5
auswalzen, *t.*	6
auswandern, *i.* [sein]	5
auswaschen, *t.*	15
auswechseln, *t.*	5
ausweichen, *i.* [sein]	57
jm. ~	
ausweiden, *t.*	7
ausweisen, *t., r.*	61
ausweiten, *t., r.*	7

auswerfen, *t.* 36
auswerten, *t.* 7
auswickeln, *t.* 5
auswinden, *t.* 47
auswirken, *r.* 5
auswischen, *t.* 5
du wischst aus
auswringen, *t.* 47
auswuchten, *t.* 7
auswürgen, *t.* 5
auszacken, *t.* 5
auszahlen, *t.*, *r.* 5
jm. etw. ~
auszehren, *i.* [sein] 5
auszeichnen, *t.*, *r.* 7
ausziehen, *t.* [haben], *i.* [sein], *r.* 54
auszupfen, *t.* 5
automatisieren, *t.* 9
autorisieren, *t.* 9
jn. zu etw. ~
avisieren, *t.* 9
jm. etw. ~

B

backen, *t.*, *i.* 15
baden, *t.*, *i.*, *r.* 7
bagatellisieren, *t.* 9
baggern, *t.*, *i.* 4
bahnen, *t.* 4
balancieren, *t.*, *i.* 9
balgen, *r.* 4
ballen, *t.* 4
balsamieren, *t.* 9
banalisieren, *t.* 9
bandagieren, *t.* 9
bändigen, *t.* 4
bangen, *i.* 4
um jn./etw. ~
bannen, *t.* 4
basieren, *t.* 9
~ auf
basteln, *t.* 4
bauen, *t.* 4
baumeln, *i.* 4
bauschen, *i.*, *r.* 4
beabsichtigen, *t.* 9
beachten, *t.* 7
Part.: beachtet
beackern, *t.* 9
beängstigen, *t.* 9
beanspruchen, *t.* 9
beanstanden, *t.* 7
Part.: beanstandet
beantragen, *t.* 9
beantworten, *t.* 7
Part.: beantwortet
jm. etw. ~
bearbeiten, *t.* 7
Part.: bearbeitet
beaufsichtigen, *t.* 9
beauftragen, *t.* 9
jn. mit etw. ~
bebauen, *t.* 9
beben, *i.* 4
bebildern, *t.* 9
bebrüten, *t.* 7
Part.: bebrütet
bechern, *i.* 4
bedachen, *t.* 9
bedanken, *r.* 9
sich bei jm. für etw. ~
bedauern, *t.* 9
bedecken, *t.* 9
bedenken, *t.* 27
Part.: bedacht
bedeuten, *t.* 7
Part.: bedeutet
jm. etw. ~
bedienen, *t.*, *r.* 9
bedingen, *t.* 9
bedrängen, *t.* 9
bedrohen, *t.* 9
bedrucken, *t.* 9
bedrücken, *t.* 9
bedürfen, *t.* 73
Part.: bedurft
beehren, *t.* 9
jn. mit etw. ~
beeilen, *r.* 9
beeindrucken, *t.* 9
jn. mit etw. ~
beeinflussen, *t.* 6
Part.: beeinflusst
jn. mit etw. ~
beeinträchtigen, *t.* 9
beenden, *t.* 7
Part.: beendet
beendigen, *t.* 9
beengen, *t.* 9
beerben, *t.* 9
beerdigen, *t.* 9
befähigen, *t.* 9
jn. zu etw. ~
befahren, *t.* 15
Part.: befahren
befallen, *t.* 12
Part.: befallen
befassen, *t.*, *r.* 6
Part.: befasst
sich mit etw. ~
befehlen, *t.* 34
Part.: befohlen
jm. etw. ~
befehligen, *t.* 9
befestigen, *t.* 9
befeuchten, *t.* 7
Part.: befeuchtet
befeuern, *t.* 9
befinden, *t.*, *i.*, *r.* 47
Part.: befunden
beflaggen, *t.* 9
beflecken, *t.* 9
beflügeln, *t.* 9
befolgen, *t.* 9
befördern, *t.* 9
befrachten, *t.* 7
Part.: befrachtet
befragen, *t.* 9
befreien, *t.* 9
befreunden, *r.* 7
Part.: befreundet
sich mit jm. ~
befrieden, *t.* 7
Part.: befriedet
befriedigen, *t.* 9
befruchten, *t.* 7
Part.: befruchtet
befühlen, *t.* 9
befummeln, *t.* 9
befürchten, *t.* 7
Part.: befürchtet
befürworten, *t.* 7
Part.: befürwortet
begatten, *t.* 7
Part.: begattet
begaunern, *t.* 9
begeben, *r.*, *unp.* 29
Part.: begeben
sich nach Paris begeben
begegnen, *i.* [sein] 7
Part.: begegnet
jm. ~
begehen, *t.* 42
Part.: begangen
begehren, *t.* 9
begeistern, *t.*, *r.* 9
begießen, *t.* 53
Part.: begossen

bestimmen, *t.*	9
bestrafen, *t.*	9
bestrahlen, *t.*	9
bestreichen, *t.*	57
Part.: bestrichen	
bestreiten, *t.*	58
Part.: bestritten	
bestreuen, *t.*	9
bestücken, *t.*	9
bestürmen, *t.*	9
bestürzen, *t.*	6
Part.: bestürzt	
besuchen, *t.*	9
besudeln, *t.*	9
betasten, *t.*	7
Part.: betastet	
betätigen, *t.*	9
betäuben, *t.*	9
beteiligen, *t., r.*	9
jn./sich an etw. ~	
beten, *i.*	7
Part.: gebeten	
beteuern, *t.*	9
jm. etw. ~	
betiteln, *t.*	9
betonen, *t.*	9
betonieren, *t.*	9
betören, *t.*	9
betrachten, *t.*	7
Part.: betrachtet	
jn./etw. ~ als	
betragen, *i., r.*	15
Part.: betragen	
betrauen, *t.*	9
jn. mit etw. ~	
betrauern, *t.*	9
betreffen, *t.*	33
Part.: betroffen	
was ... betrifft	
betreiben, *t.*	61
Part.: betrieben	
betreten, *t.*	32
Part.: betreten	
betrinken, *r.*	47
Part.: betrunken	
betrüben, *t.*	9
betrügen, *t.*	71
Part.: betrogen	
betteln, *i.*	4
beugen, *t., r.*	4
beunruhigen, *t., r.*	9
beurkunden, *t.*	7
Part.: beurkundet	
beurlauben, *t.*	9
beurteilen, *t.*	9
bevölkern, *t.*	9
bevollmächtigen, *t.*	9
bevormunden, *t.*	7
Part.: bevormundet	
bevorrechten, *t.*	7
Part.: bevorrechtet	
***bevor*stehen**, *i.* [sein]	28
bevorzugen, *t.*	9
bewachen, *t.*	9
bewaffnen, *t., r.*	7
Part.: bewaffnet	
bewahren, *t.*	9
jn. vor etw. ~	
bewahrheiten, *r.*	7
Part.: bewahrheitet	
bewältigen, *t.*	9
bewässern, *t.*	9
bewegen, *t., r.*	39
Part.: bewegt; bewogen	
beweihräuchern, *t., r.*	9
beweinen, *t.*	9
beweisen, *t., r.*	61
Part.: bewiesen	
bewerben, *t., r.*	36
Part.: beworben	
bewerfen, *t.*	36
Part.: beworfen	
bewilligen, *t.*	9
jm. etw. ~	
bewirken, *t.*	9
bewirten, *t.*	7
Part.: bewirtet	
bewirtschaften, *t.*	7
Part.: bewirtschaftet	
bewohnen, *t.*	9
bewölken, *r.*	9
bewundern, *t.*	9
jn. für etw. ~	
bezahlen, *t.*	9
bezähmen, *t.*	9
bezaubern, *t.*	9
bezeichnen, *t.*	7
Part.: bezeichnet	
bezeigen, *t.*	9
jm. etw. ~	
bezeugen, *t.*	9
beziehen, *t., r.*	54
Part.: bezogen	
sich auf etw. ~	
beziffern, *t.*	9
bezirzen, *t.*	6
Part.: bezirzt	
bezweifeln, *t.*	9
bezwingen, *t.*	47
Part.: bezwungen	
bibbern, *i.*	4
biegen, *t., r.*	52
bieten, *t., r.*	52
jm. etw. ~	
bilden, *t., r.*	7
billigen, *t.*	4
binden, *t., r.*	47
jn./sich an etw. ~	
bitten, *t.*	44
jn. um etw. ~	
biwakieren, *i.*	9
blähen, *t., r.*	4
blamieren, *t., r.*	9
sich für etw. ~	
blanchieren, *t.*	9
blasen, *t.*	11
blasonieren, *t., i.*	9
blättern, *i.*	4
blechen, *t.*	4
bleiben, *i.* [sein]	61
bleichen, *t.* [haben], *i.* [sein]	4
blenden, *t.*	7
blicken, *i.*	4
auf jn./etw. ~	
blinken, *i.*	4
blinzeln, *i.*	4
blitzen, *i.*	6
blockieren, *t.*	9
blöken, *i.*	4
***bloß*stellen**, *t.*	5
blubbern, *i.*	4
bluffen, *i.*	4
blühen, *i.*	4
bluten, *i.*	7
bohnern, *t.*	4
bohren, *t.*	4
bombardieren, *t.*	9
boomen, *i.*	4
borgen, *t.*	4
jm. etw. ~	
boxen, *t., i.*	6
boykottieren, *t.*	9
brabbeln, *t., i.*	4
brandmarken, *t.*	4
brandschatzen, *t.*	6
braten, *t., i.*	11
brauchen, *t.*	4
brauen, *t.*	4
bräunen, *t.* [haben], *i.* [sein]	4

brausen, *i.* 6
brechen, *t.* 35
bremsen, *t., i.* 6
brennen, *t., i.* 25
bringen, *t.* 43
jm. etw. ~
bröckeln, *i.* 4
brodeln, *i.* 4
broschieren, *t.* 9
brühen, *t.* 4
brüllen, *i.* 4
brüskieren, *t.* 9
brüsten, *r.* 7
sich mit etw. ~
brüten, *i.* 7
brutzeln, *t., i.* 4
buchen, *t.* 4
buchstabieren, *t.* 9
bücken, *r.* 4
büffeln, *t.* 4
bügeln, *t.* 4
bummeln, *i.* 4
bunkern, *t.* 4
bürgen, *i.* 4
für etw. ~
bürsten, *t.* 7
büßen, *t.* 6
buttern, *t., i.* 4

C

campen, *i.* 4
catchen, *i.* 4
charakterisieren, *t.* 9
chartern, *t.* 4
chiffrieren, *t.* 9

D

***dahin*eilen**, *i.* [sein] 5
***dahin*fahren**, *i.* [sein] 15
***dahin*fliegen**, *i.* [sein] 52
***dahin*gehen**, *i.* [sein] 42
***dahin*plätschern**, *i.* [sein] 5
***dahin*raffen**, *t.* 5
***dahin*schleppen**, *t., r.* 5
***dahin*schwinden**, *i.* [sein] 47
***dahin*siechen**, *i.* [sein] 5
***dahin*treiben**, *i.* [sein] 61
***dahin*vegetieren**, *i.* [sein] 9
Part.: dahinvegetiert
dämmen, *t.* 4
dämonisieren, *t.* 9
dampfen, *i.* 4
dämpfen, *t.* 4
danken, *i.* 4
jm. für etw. ~
***dar*bieten**, *t.* 52
***dar*legen**, *t.* 5
jm. etw. ~
***dar*stellen**, *t.* 5
jm. etw. ~
datieren, *t.* 9
~ auf
dauern, *i.* 4
deaktivieren, *t.* 9
debattieren, *t.* 9
über etw. ~
debütieren, *i.* 9
dechiffrieren, *t.* 9
decken, *t.* 4
defilieren, *i.* [sein] 9
definieren, *t.* 9
deformieren, *t.* 9
degenerieren, *i.* [sein] 9
degradieren, *t.* 9
dehnen, *t., r.* 4
deichseln, *t.* 4
dekantieren, *t.* 9
deklamieren, *t.* 9
deklarieren, *t.* 9
deklassieren, *t.* 9
deklinieren, *t.* 9
dekodieren, *t.* 9
dekolletieren, *t.* 9
dekomprimieren, *t.* 9
dekorieren, *t.* 9
delegieren, *t.* 9
demaskieren, *t., r.* 9
dementieren, *t.* 9
demobilisieren, *t.* 9
demokratisieren, *t.* 9
demonstrieren, *t.* 9
demontieren, *t.* 9
demoralisieren, *t.* 9
demotivieren, *t.* 9
demütigen, *t.* 4
denken, *t., r.* 27
denunzieren, *t.* 9
depilieren, *t.* 9
deplatzieren, *t.* 9
depolarisieren, *t.* 9
deponieren, *t.* 9
deportieren, *t.* 9
deprimieren, *t.* 9
deputieren, *t.* 9
desensibilisieren, *t.* 9
desertieren, *i.* [sein] 9
desillusionieren, *t., r.* 9
desinfizieren, *t.* 9
destabilisieren, *t.* 9
destillieren, *t.* 9
detonieren, *i.* [sein] 9
deuten, *t.* 7
dezentralisieren, *t.* 9
dezentrieren, *t.* 9
dezimieren, *t.* 9
diagnostizieren, *t.* 9
dichten, *t.* 7
dienen, *i.* 4
jm. als etw. ~, jm. zu etw. ~, jm. mit etw. ~
diffamieren, *t.* 9
differenzieren, *t.* 9
differieren, *i.* 9
~ in
digitalisieren, *t.* 9
diktieren, *t.* 9
jm. etw. ~
dirigieren, *t.* 9
diskontieren, *t.* 9
diskreditieren, *t.* 9
diskriminieren, *t.* 9
diskutieren, *t.* 9
über etw. ~
dispensieren, *t.* 9
jn. von etw. ~
disponieren, *i.* 9
über etw. ~
disputieren, *i.* 9
über etw. ~
disqualifizieren, *t.* 9
distanzieren, *t., r.* 9
sich von etw./jm. ~
disziplinieren, *t., r.* 9
divergieren, *i.* 9
dividieren, *t.* 9
dogmatisieren, *t.* 9
dokumentieren, *t.* 9
dolmetschen, *t.* 4
du dolmetschst
domestizieren, *t.* 9
dominieren, *t.* 9
donnern, *unp.* 4
dopen, *t., r.* 4
dörren, *t.* 4
dösen, *i.* 6
dosieren, *t.* 9
dotieren, *t.* 9

dozieren, t. 9
dramatisieren, t. 9
drängeln, t., r. 4
drängen, t. 4
jn. zu etw. ~, auf etw. ~
dränieren, t. 9
drapieren, t. 9
drehen, t., r. 4
dreschen, t. 39
dressieren, t. 9
dribbeln, t. 4
dringen, i. 47
in jn./etw. ~, auf etw. ~
dritteln, t. 4
drohen, i. 4
jm. ~, jm. mit etw. ~
dröhnen, i. 4
drosseln, t. 4
drucken, t. 4
drücken, t., r. 4
sich vor etw. ~
dübeln, t. 4
ducken, r. 4
duellieren, r. 9
sich mit jm. ~
duften, i. 7
dulden, t. 7
düngen, t. 4
dünsten, t. 7
durcharbeiten, t. 7
durchatmen, i. 7
durchbeißen, t., r. 60
durchbiegen, t. [haben], i. [sein] 52
durchblättern, t. 5
durchblicken, i. 5
durchbluten, t. [haben], i. [sein] 7
durchbohren, t. 5
durchbrechen, t. 35
durchbrennen, i. [sein] 25
durchbringen, t. 43
durchdringen, i. [sein] 47
durchfahren, t,. i. [sein] 15
durchfallen, i. [sein] 12
durchfechten, t. 39
durchfinden, r. 47
durchfließen, i. [sein] 53
durchfluten, i. [sein] 7
durchforschen, t. 5
du forschst durch
durchfragen, r. 5
durchfressen, r. 30
durchführen, t. 5
durchfurchen, t. 9
durchgeben, t. 29
durchgehen, t. [haben], i. [sein] 42
durchgreifen, i. 58
durchhalten, t. 11
durchhängen, i. 22
durchhauen, t. 18
durchhecheln, t. 5
durchhelfen, i. 38
jm. durch etw. ~
durchjagen, t. 5
durchkämmen, t. 5
durchkämpfen, t., r. 5
durchkauen, t. 5
durchkneten, t. 7
durchkommen, i. [sein] 63
durch etw. ~
durchkramen, t. 5
durchkreuzen, t. 6
Part.: durchgekreut in der Bedeutung durchstreichen
Part.: durchkreuzt in der Bedeutung verhindern
durchkriechen, i. [sein] 52
durchladen, t. 15
durchlassen, t. 13
durchlaufen, t. [haben], i. [sein] 17
durchlavieren, r. 9
Part.: durchlaviert
durchleben, t. 9
Part.: durchlebt
durchlesen, t. 31
durchleuchten, t. 7
Part.: durchgeleuchtet in der Bedeutung hindurchscheinen
Part.: durchleuchtet in der Bedeutung mit Licht durchdringen
durchlöchern, t. 9
Part.: durchlöchert
durchlüften, t. 7
durchmachen, t. 5
durchmarschieren, i. [sein] 9
Part.: durchmarschiert
durchmengen, t. 5
durchnässen, i. [sein] 6
Part.: durchnässt
durchnehmen, t. 37
durchnummerieren, t. 9
Part.: durchnummeriert
durchpausen, t. 6
durchpeitschen, t. 5
du peitschst durch
durchpflügen, t. 5
durchpressen, t. 6
durchprobieren, t. 9
Part.: durchprobiert
durchprügeln, t. 5
durchqueren, t. 9
Part.: durchquert
durchrasen, i. [sein] 6
durchrasseln, i. [sein] 5
durchrechnen, t. 7
durchreichen, t. 5
jm. etw. ~
durchreisen, i. [sein] 6
durchrieseln, i. [sein] 4
durchringen, r. 47
sich zu etw. ~
durchrosten, i. [sein] 7
durchrutschen, i. [sein] 5
du rutschst durch
durchrütteln, t. 5
durchsagen, t. 5
durchsägen, t. 5
durchschalten, i. 7
durchschauen, t. 9
Part.: durchschaut
durchscheinen, i. 61
durchscheuern, t. 5
durchschieben, t. 52
durchschießen, t. 53
durchschimmern, i. 5
durchschlafen, i. 11
durchschlagen, t. 15
durchschlängeln, r. 5
durchschleichen, r. 57
durchschleusen, t. 6
durchschlüpfen, i. [sein] 5
durchschmoren, i. [sein] 5
durchschneiden, t. 59
durchschreiben, t. 61
durchschreiten, t. 58
durchschweifen, t. 9
Part.: durchschweift
durchschwimmen, t. 46
Part.: durchgeschwommen in der Bedeutung unter etwas durchschwimmen
Part.: durchschwimmen in der Bedeutung einen Fluss etc. durchschwimmen
durchschwitzen, t. 6
durchsehen, t. 31
durchseihen, t. 5
durchsetzen, t. [haben], i. [sein] 6

eingießen, *t.* 53
jm. etw. ~
eingipsen, *t.* 6
eingliedern, *t.* 5
jn./etw. in etw. ~
eingraben, *t.*, *r.* 15
eingravieren, *t.* 9
Part.: eingraviert
eingreifen, *i.* 58
in etw. ~
eingrenzen, *t.* 6
einhaken, *t.* 5
einhalten, *t.*, *i.* 11
mit etw. ~
einhämmern, *t.*, *r.* 5
jm. etw. ~
einhängen, *t.* 22
Part.: eingehängt
einhauchen, *t.* 5
jm. etw. ~
einheften, *t.* 7
einheimsen, *t.* 6
einheiraten, *i.* 7
in eine Familie ~
einholen, *t.* 5
einhüllen, *t.* 5
in Papier ~
einigen, *r.* 4
sich mit jm. ~
einimpfen, *t.* 5
jm. etw. ~
einjagen, *t.* 5
jm. einen Schreck ~
einkassieren, *t.* 9
Part.: einkassiert
einkaufen, *t.* 5
einkehren, *i.* [sein] 5
bei jm. ~
einkeilen, *t.* 5
einkellern, *t.* 5
einkerben, *t.* 5
einkerkern, *t.* 5
einkesseln, *t.* 5
einkleiden, *t.*, *r.* 7
einklemmen, *t.*, *r.* 5
einklinken, *t.*, *r.* 5
sich bei etw. ~
einkochen, *t.* 5
einkreisen, *t.* 6
einkuppeln, *t.*, *i.* 5
einladen, *t.* 15
einlagern, *t.* 5
einlassen, *t.*, *r.* 13
jn. ~, sich mit jm. ~
einlaufen, *t.* [haben], *i.* [sein] 17
einläuten, *t.* 7
einlegen, *t.* 5
einleiten, *t.* 7
einliefern, *t.* 5
einloggen, *r.* 5
sich am Computer ~
einlösen, *t.* 6
einlotsen, *t.* 6
einlullen, *t.* 5
einmachen, *t.* 5
einmauern, *t.* 5
einmeißeln, *t.* 5
einmischen, *r.* 5
du mischst dich ein
sich in etw. ~
einmummeln, *t.*, *r.* 5
einnähen, *t.* 5
einnebeln, *t.* 5
einnehmen, *t.* 37
einnicken, *i.* [sein] 5
einölen, *t.*, *r.* 5
einordnen, *t.*, *r.* 7
in etw. ~
einpacken, *t.* 5
einpassen, *t.* 6
in etw. ~
einpauken, *t.* 5
jm. etw. ~
einpferchen, *t.* 5
einpflanzen, *t.* 6
einpinseln, *t.* 5
einplanen, *t.* 5
einpökeln, *t.* 5
einprägen, *t.*, *r.* 5
einpudern, *t.*, *r.* 5
einquartieren, *t.*, *r.* 9
Part.: einquartiert
sich bei jm. ~, sich in ein Haus ~
einrahmen, *t.* 5
einrammen, *t.* 5
einrasten, *i.* [sein] 7
einräuchern, *t.* 5
einräumen, *t.* 5
jm. etw. ~
einreden, *t.*, *r.* 7
jm. etw. ~
einreiben, *t.*, *r.* 61
einreichen, *t.* 5
einreihen, *t.*, *r.* 5
einreißen, *t.*, *i.* 60
einrenken, *t.*, *r.* 5
einrichten, *t.*, *r.* 7
einritzen, *t.* 6
einrollen, *t.* 5
einrosten, *i.* [sein] 7
einrücken, *t.* [haben], *i.* [sein] 5
einsacken, *t.* 5
einsäen, *t.* 5
einsagen, *t.* 5
jm. etw. ~
einsalben, *t.* 5
einsalzen, *t.* 6
Part.: eingesalzen
einsammeln, *t.* 5
einsargen, *t.* 5
einsaugen, *t.* 19
einsäumen, *t.* 5
einscannen, *t.* 5
einschalen, *t.* 5
einschalten *t.*, *r.* 7
einschärfen, *t.* 5
jm. etw. ~
einschätzen, *t.* 6
einschenken, *t.* 5
jm. etw. ~
einschieben, *t.* 52
einschiffen, *r.* 5
sich ~ nach
einschlafen, *i.* [sein] 11
einschläfern, *t.* 5
einschlagen, *t.*, *i.* 15
einschleichen, *r.* 57
einschließen, *t.* 53
einschmeicheln, *r.* 5
sich bei jm. ~
einschmelzen, *t.* 39
einschmieren, *t.* 5
einschmuggeln, *t.* 5
einschneiden, *t.* 59
einschnüren, *t.* 5
einschottern, *t.* 5
einschränken, *t.*, *r.* 5
einschreiben, *t.*, *r.* 61
einschreiten, *i.* [sein] 58
einschrumpeln, *i.* [sein] 5
einschrumpfen, *i.* [sein] 5
einschüchtern, *t.* 5
einschulen, *t.* 5
einschwören, *t.* 66
jn. in ein Amt ~
einsegnen, *t.* 7
einsehen, *t.* 31
einseifen, *t.*, *r.* 5

einsetzen, t., r. 6
sich für etw. ~
einsinken, i. [sein] 47
einspannen, t. 5
jn. für etw. ~
einsparen, t. 5
einsperren, t. 5
einspritzen, t. 6
einstecken, t. 5
einsteigen, i. [sein] 61
in ein Fahrzeug ~
einstellen, t. 5
einstimmen, t., r. 5
jn./sich auf etw. ~
einstudieren, t. 9
Part.: einstudiert
einstufen, t. 5
einstürzen, i. [sein] 6
eintauchen, t. [haben], i. [sein] 5
in etw. ~
eintauschen, t. 5
du tauschst ein
etw. gegen etw. anderes ~
einteilen, t. 5
eintragen, t., r. 15
sich in etw. ~
einträufeln, t. 5
eintreffen, i. [sein] 33
eintreiben, t. 61
eintreten, t. [haben], i. [sein] 32
in ein Zimmer ~
eintrichtern, t. 5
jm. etw. ~
eintrocknen, i. [sein] 7
einträpfeln, t. 5
eintunken, t. 5
einüben, t. 5
einverleiben, t., r. 9
Part.: einverleibt
jm. etw. ~, sich etw. ~
einwachsen, t. 5
einwandern, i. [sein] 5
in ein Land ~
einwechseln, t. 5
einweichen, t. 5
einweihen, t. 5
jn. in etw. ~
einweisen, t. 61
jn. in etw. ~
einwenden, t. 24
ich wandte/wendete ein etc.
Part.: eingewandt, eingewendet
etw. ~ gegen
einwickeln, t. 5
einwilligen, i. 5
in etw. ~
einwirken, i. 5
auf etw./jn. ~
einwurzeln, r. 5
einzahlen, t. 5
einzäunen, t. 5
einzementieren, t. 9
Part.: einzementiert
einziehen, t. [haben], i. [sein] 54
in ein Haus ~
einzwängen, t. 5
eitern, i. 4
ekeln, r. 4
sich vor etw. ~
elektrifizieren, t. 9
elektrisieren, t., r. 9
elidieren, t. 9
eliminieren, t. 9
emaillieren, t. 9
emanzipieren, r. 9
emittieren, t. 9
empfangen, t. 10
Part.: empfangen
empfehlen, t. 34
jm. etw. ~
Part.: empfohlen
empfinden, t. 47
Part.: empfunden
etw. für jn. ~
empören, t., r. 9
emporarbeiten, r. 7
emporblicken, i. 5
emporkommen, i [sein] 63
emporsteigen, i [sein] 61
emulgieren, t., i. 9
enden, i. 7
engagieren, t., r. 9
entarten, i. [sein] 7
Part.: entartet
entbehren, t., i. 9
entbeinen, t. 9
entbieten, t. 52
Part.: entboten
jm. etw. ~
entbinden, t. 47
Part.: entbunden
jn. von etw. ~
entblättern, t., r. 9
entblößen, t., r. 6
Part.: entblößt
entbrennen, i. [sein] 25
Part.: entbrannt
für jn./etw. ~
entbürokratisieren, t. 9
entdecken, t. 9
entdramatisieren, t. 9
entehren, t. 9
enteignen, t. 7
Part.: enteignet
enterben, t. 9
entern, t. 4
entfachen, t. 9
entfallen, i. [sein] 12
Part.: entfallen
entfalten, t., r. 7
Part.: entfaltet
entfärben, t., r. 9
entfernen, t., r. 9
entfesseln, t., r. 9
entfetten, t. 7
Part.: entfettet
entflammen, t. , i. [sein] 9
entflechten, t. 39
Part.: entflochten
entfliehen, i. [sein] 52
Part.: entflohen
einer Sache ~
entfremden, t., r. 7
Part.: entfremdet
jm. etw. ~
entfrosten, t. 7
Part.: entfrostet
entführen, t. 9
entgegnen, t. 7
Part.: entgegnet
jm. etw. ~
entgehen, i. [sein] 42
Part.: entgangen
entgiften, t. 7
Part.: entgiftet
entgleisen, i. [sein] 6
Part.: entgleist
entgleiten, i. [sein] 58
Part.: entglitten
entgräten, t. 7
Part.: entgrätet
enthaaren, t. 9
enthalten, t., r. 11
Part.: enthalten
sich der Stimme ~
enthärten, t. 7
Part.: enthärtet
enthaupten, t. 7

Part.: enthauptet
enthäuten, *t.* 7
Part.: enthäutet
entheben, *t.* 41
Part.: enthoben
enthüllen, *t.* 9
enthülsen, *t.* 6
Part.: enthülst
entkalken, *t.* 9
entkernen, *t.* 9
entkleiden, *t.*, *r.* 7
Part.: entkleidet
entknoten, *t.* 7
Part.: entknotet
entkoffeinieren, *t.* 9
entkolonialisieren, *t.* 9
entkommen, *i.* [sein] 63
Part.: entkommen
entkorken, *t.* 9
entkörnen, *t.* 9
entkräften, *t.* 7
Part.: entkräftet
entladen, *t.* 15
Part.: entladen
entlarven, *t.* 9
entlassen, *t.* 13
Part.: entlassen
entlasten, *t.* 7
Part.: entlastet
entlauben, *t.*, *r.* 9
entlausen, *t.* 6
Part.: entlaust
entledigen, *t.*, *r.* 9
entleeren, *t.* 9
entleihen, *t.* 61
Part.: entliehen
jm. etw. ~
entlocken, *t.* 9
jm. etw. ~
entlohnen, *t.* 9
entlüften, *t.* 7
Part.: entlüftet
entmannen, *t.* 9
entmilitarisieren, *t.* 9
entminen, *t.* 9
entmündigen, *t.* 9
entmutigen, *t.* 9
entmythifizieren, *t.* 9
entmythisieren, *t.* 9
entnasalieren, *t.* 9
entnehmen, *t.* 37
Part.: entnommen
entnerven, *t.*, *r.* 9
entölen, *t.* 9
entpuppen, *r.* 9
sich ~ als
entrahmen, *t.* 9
enträtseln, *t.* 9
entreißen, *t.* 60
Part.: entrissen
jm. etw. ~
entrichten, *t.* 7
Part.: entrichtet
entriegeln, *t.* 9
entrinden, *t.* 7
Part.: entrindet
entrinnen, *i.* [sein] 46
Part.: entronnen
entrosten, *t.* 7
Part.: entrostet
entrunzeln, *t.* 9
entrußen, *t.* 6
Part.: entrußt
entrüsten, *r.* 7
Part.: entrüstet
entsagen, *t.* 9
entsalzen, *t.* 6
Part.: entsalzt
entschädigen, *t.* 9
jn. für etw. ~
entschärfen, *t.*, *r.* 9
entscheiden, *t.*, *r.* 61
Part.: entschieden
sich für/gegen etw. ~
entschlafen, *i.* [sein] 11
Part.: entschlafen
entschleiern, *t.*, *r.* 9
entschließen, *r.* 53
Part.: entschlossen
sich zu etw. ~, sich ~
etw. zu tun
entschlüsseln, *t.* 9
entschuldigen, *t.*, *r.* 9
sich bei jm. ~, sich
für etw. ~
entschwinden, *i.* [sein] 47
Part.: entschwunden
entsenden, *t.* 24
Part.: entsendet, entsandt
entsetzen, *t.*, *r.* 6
Part.: entsetzt
entseuchen, *t.* 9
entsichern, *t.* 9
entsiegeln, *t.* 9
entspannen, *t.*, *r.* 9
entsprechen, *i.* 35
Part.: entsprochen
entspringen, *i.* [sein] 47
Part.: entsprungen
entstammen, *i.* 9
kein Part. Perf.
entstauben, *t.* 9
entstehen, *i.* [sein] 28
Part.: entstanden
entsteinen, *t.* 9
entstellen, *t.* 9
enttäuschen, *t.* 9
entthronen, *t.* 9
entvölkern, *t.* 9
entwaffnen, *t.* 7
Part.: entwaffnet
entwässern, *t.* 9
entweichen, *i.* [sein] 57
Part.: entwichen
entweihen, *t.* 9
entwenden, *t.* 24
ich entwendete
Part.: entwendet
entwerfen, *t.* 36
Part.: entworfen
entwerten, *t.* 7
Part.: entwertet
entwickeln, *t.*, *r.* 9
entwirren, *t.* 9
entwischen, *i.* [sein] 9
jm. ~
entwöhnen, *t.* 9
entwürdigen, *t.* 9
entwurzeln, *t.* 9
entzaubern, *t.* 9
entziehen, *t.*, *r.* 54
Part.: entzogen
jm. etw. ~
entziffern, *t.* 9
entzücken, *t.* 9
entzünden, *t.* [haben], *i.* [sein] 7
Part.: entzündet
entzweien, *t.*, *r.* 9
erachten, *t.* 7
Part.: erachtet
erbauen, *t.* 9
erbeben, *i.* [sein] 9
erben, *t.* 4
erbeuten, *t.* 7
Part.: erbeutet
erbitten, *t.* 44
Part.: erbeten
erblassen, *i.* [sein] 6
Part.: erblasst

erbleichen, *i.* [sein] 4
Part.: erbleicht
erblicken, *t.* 9
erblinden, *i.* [sein] 7
Part.: erblindet
erblühen, *i.* [sein] 9
erbosen, *t.* 6
Part.: erbost
erbrechen, *t.* 35
Part.: erbrochen
erdolchen, *t.* 9
erdreisten, *r.* 7
Part.: erdreistet
erdrosseln, *t.* 9
erdrücken, *t.* 9
erdulden, *t.* 7
Part.: erduldet
ereifern, *r.* 9
ereignen, *r., unp.* 7
Part.: ereignet
erfahren, *t.* 15
Part.: erfahren
erfassen, *t.* 6
Part.: erfasst
erfinden, *t.* 47
Part.: erfunden
erflehen, *t.* 9
erfordern, *t.* 9
erforschen, *t.* 9
du erforschst
erfragen, *t.* 9
erfreuen, *t., r.* 9
erfrischen, *t., r.* 9
du erfrischst
erfüllen, *t., r.* 9
ergänzen, *t.* 6
Part.: ergänzt
ergattern, *t.* 9
ergaunern, *t.* 9
ergeben, *t., r.* 29
Part.: ergeben
ergehen, *i.* [sein], *unp.* 42
Part.: ergangen
ergießen, *r.* 53
Part.: ergossen
ergötzen, *r.* 6
Part.: ergötzt
sich an etw. ~
ergrauen, *i.* [sein] 9
ergreifen, *t.* 58
Part.: ergriffen
ergründen, *t.* 7
Part.: ergründet
ergrünen, *i.* [sein] 9
erhalten, *t.* 11
Part.: erhalten
erhängen, *t., r.* 22
Part.: erhängt
erhärten, *t.* [haben], *i.* [sein] 7
Part.: erhärtet
erhaschen, *t.* 9
du erhaschst
erheben, *t., r.* 41
Part.: erhoben
erheitern, *t.* 9
erhellen, *t.* 9
erhitzen, *t., r.* 6
Part.: erhitzt
erhoffen, *t., r.* 9
sich etw. von jm./einer Sache ~
erhöhen, *t., r.* 9
erholen, *r.* 9
erhören, *t.* 9
erinnern, *t., r.* 9
jn. an etw. ~, sich an etw. ~
erkälten, *r.* 7
Part.: erkältet
erkennen, *t.* 25
Part.: erkannt
erklären, *t.* 9
jm. etw. ~
erklettern, *t.* 9
erklimmen, *t.* 48
Part.: erklommen
erklingen, *i.* [sein] 47
Part.: erklungen
erkranken, *i.* [sein] 9
erkunden, *t.* 7
Part.: erkundet
erkundigen, *r.* 9
sich nach etw. ~
erlahmen, *i.* [sein] 9
erlangen, *t.* 9
erlassen, *t.* 13
Part.: erlassen
jm. etw. ~
erlauben, *t.* 9
jm. etw. ~
erläutern, *t.* 9
jm. etw. ~
erleben, *t.* 9
erledigen, *t.* 9
erlegen, *t.* 9
erleichtern, *t.* 9
erleiden, *t.* 59
Part.: erlitten
erlernen, *t.* 9
erleuchten, *t.* 7
Part.: erleuchtet
erliegen, *i.* [sein] 51
Part.: erlegen
erlöschen, *i.* [sein] 9
du erlöschst
erlösen, *t.* 6
Part.: erlöst
jn. von etw. ~
ermächtigen, *t.* 9
jn. zu etw. ~
ermahnen, *t.* 9
ermäßigen, *t.* 9
ermatten, *t.* [haben], *i.* [sein] 7
Part.: ermattet
ermitteln, *t.* 9
ermöglichen, *t.* 9
jm. etw. ~
ermorden, *t.* 7
Part.: ermordet
ermüden, *t.* 7
Part.: ermüdet
ermuntern, *t.* 9
ermutigen, *t.* 9
jn. zu etw. ~
ernähren, *t., r.* 9
ernennen, *t.* 25
Part.: ernannt
jn. zu etw. ~
erneuern, *t., r.* 9
erniedrigen, *t.* 9
ernten, *t.* 7
ernüchtern, *t.* 9
erobern, *t.* 9
eröffnen, *t.* 7
Part.: eröffnet
jm. etw. ~
erörtern, *t.* 9
erpressen, *t.* 6
Part.: erpresst
erproben, *t.* 9
erraten, *t.* 11
Part.: erraten
errechnen, *t.* 7
Part.: errechnet
erregen, *t., r.* 9
erreichen, *t.* 9
errichten, *t.* 7
Part.: errichtet
erringen, *t.* 47
Part.: errungen

gefrieren, i. [sein] 52
Part.: gefroren
gegenüberliegen, i. 51
gegenübersehen, r. 31
sich einer Sache ~
gegenübersetzen, t., r. 6
sich jm. ~
gegenüberstehen, i. 28
jm./einer Sache ~
gegenüberstellen, t., r. 5
gegenübertreten, i. [sein] 32
jm. ~
gegenzeichnen, t. 7
gehen, i. [sein] 42
gehorchen, i. 9
jm. ~
gehören, i., unp. 9
es gehört sich, dass ...
geifern, i. 4
geigen, t., i. 4
geißeln, t., r. 4
geizen, i. 6
mit etw. ~
gelangen, i. [sein] 9
geleiten, t. 7
Part.: geleitet
gelingen, i. [sein] 47
Part.: gelungen
gellen, i. 4
geloben, t. 9
jm. etw. ~
gelten, i., unp. 35
es gilt zu ...
genehmigen, t. 9
jm. etw. ~
generieren, t. 9
genesen, i. [sein] 26
genieren, r. 9
genießen, t. 53
Part.: genossen
genügen, i. 9
geraten, i. [sein] 11
Part.: geraten
in etw. ~
gerben, t. 4
gerinnen, i. [sein] 46
Part.: geronnen
geruhen, i. 9
~ etw. zu tun
geschehen, i. [sein] 31
Part.: geschehen
gestalten, t. 7
Part.: gestaltet
gestatten, t. 7
Part.: gestattet
jm. etw. ~
gestehen, t. 28
Part.: gestanden
jm. etw. ~
gestikulieren, i. 9
gewähren, t. 9
jm. etw. ~
gewährleisten, t. 7
Part.: gewährleistet
gewinnen, t. 46
Part.: gewonnen
gewöhnen, t., r. 9
jn./sich an etw. ~
gießen, t. 53
gipfeln, i. 4
gipsen, t. 6
glänzen, i. 6
glasieren, t. 9
glätten, t., r. 7
glauben, t., i. 4
jm. etw. ~, an etw. ~
gleichen, i., r. 57
jm. ~
gleichkommen, i. [sein] 63
gleichmachen, t. 5
gleichsetzen, t. 6
gleichstellen, t. 5
gleichtun, t. 69
jm. etw. ~
gleißen, i. 6
gleiten, i. [sein] 58
gliedern, t. 4
glimmen, i. 48
Part.: geklommen
glitzern, i. 4
globalisieren, t. 9
glotzen, i. 6
glücken, i, unp. [sein] 4
gluckern, i. 4
glucksen, i. 6
glühen, i. 4
gönnen, t. 4
jm. etw. ~
graben, t., i. 15
graduieren, t. 9
grämen, t., r. 4
grasen, i. 6
gratinieren, t. 9
grätschen, t. 4
du grätschst
gratulieren, i. 9
jm. ~, jm. zu etw. ~
gravieren, t. 9
greifen, t. 58
grenzen, i. 6
an etw. ~
grillen, t. 4
grinsen, i. 6
grölen, t., i. 4
grollen, i. 4
grübeln, i. 4
gründeln, i. 4
gründen, t. 7
grünen, i. 4
grunzen, i. 6
gruppieren, t., r. 9
grüßen, t. 6
gucken, i. 4
gummieren, t. 9
gurgeln, i. 4
gurren, i. 4
gutschreiben, t. 61
jm. etw. ~

H

haaren, i., r. 4
haben, t. 1
hacken, t. 4
haften, i. 7
an etw. ~
hageln, unp. 4
halbieren, t. 9
halluzinieren, i. 9
halten, t. 11
jn./etw. ~ für
hämmern, t. 4
hamstern, t. 4
handeln, i. 4
handhaben, t. 4
ich handhabe, du handhabst, du handhabtest
Part.: gehandhabt
hängen, t., i. 22
hänseln, t. 4
hapern, unp. 4
harken, t. 4
harmonieren, i. 9
harmonisieren, t. 9
harpunieren, t. 9
harren, i. 4
der Dinge ~
härten, t. 7
haschen, t., i. 4

herumbalgen, *r.* 5
herumbekommen, *t.* 63
Part.: herumbekommen
herumbinden, *t.*, *r.* 47
herumbrüllen, *t.*, *i.* 5
herumbummeln, *i.* [haben, sein] 5
herumdoktern, *i.* 5
an jm./etw. ~
herumdrehen, *t.*, *r.* 5
herumdrücken, *i.*, *r.* 5
herumdrucksen, *i.* 6
herumfahren, *t.* [haben], *i.* [sein] 15
herumfingern, *i.* 5
an jm./etw. ~
herumflattern, *i.* [sein] 5
herumfliegen, *i.* [sein] 52
herumfließen, *i.* [sein] 53
um etw. ~
herumfragen, *i.* 5
herumfuchteln, *i.* 5
herumführen, *t.* 5
herumfuhrwerken, *i.* 5
herumfummeln, *i.* 5
an jm./etw. ~
herumgehen, *i.* [sein] 42
um etw. ~
herumgeistern, *i.* [sein] 5
herumgondeln, *i.* [sein] 5
herumhacken, *i.* 5
auf jm. ~
herumhängen, *i.* 22
herumhantieren, *i.* 9
Part.: herumhantiert
herumhorchen, *i.* 5
herumhopsen, *i.* [sein] 6
herumhüpfen, *i.* [sein] 5
herumirren, *i.* [sein] 5
herumjagen, *t.* [haben], *i.* [sein] 5
herumkommandieren, *t.* 9
Part.: herumkommandiert
herumkommen, *i.* [sein] 63
um etw. ~
herumkramen, *i.* 5
herumkriegen, *t.* 5
herumkutschieren, *t.* [haben], *i.* [sein] 9
Part.: herumkutschiert
herumlaufen, *i.* [sein] 17
herumlegen, *t.* 5
herumliegen, *i.* 51
herumlümmeln, *r.* 5
herumlungern, *i.* 5
herummeckern, *i.* 5
an jm. ~
herummurksen, *i.* 6
an etw. ~
herumnörgeln, *i.* 5
an jm. ~
herumpfuschen, *i.* 5
du pfuschst herum
an etw. ~
herumplagen, *r.* 5
herumraten, *i.* 11
an etw. ~
herumreden, *i.* 7
um etw. ~
herumreichen, *t.* 5
herumreisen, *i.* [sein] 6
herumreißen, *t.* 60
herumrennen, *i.* [sein] 25
herumschlagen, *t.*, *r.* 15
sich mit etw. ~
herumschleichen, *i.* [sein] 57
herumschlendern, *i.* [sein] 5
herumschleppen, *t.* 5
herumschlingen, *t.* 47
herumschnüffeln, *i.* 5
herumschubsen, *t.* 6
herumschweifen, *i.* [sein] 5
herumschwenken, *t.* 5
herumschwirren, *i.* [sein] 5
herumsitzen, *i.* 45
herumspazieren, *i.* [sein] 9
Part.: herumspaziert
herumspielen, *i.* 5
an etw. ~
herumsprechen, *r.* 35
herumspringen, *i.* [sein] 47
herumstehen, *i.* 28
herumstöbern, *i.* 5
herumstochern, *i.* 5
herumstreichen, *i.* [sein] 57
herumstreifen, *i.* [sein] 5
herumstreiten, *r.* 58
herumstreunen, *i.* [sein] 5
herumstrolchen, *i.* [sein] 5
herumsuchen, *i.* 5
herumtanzen, *i.* [sein] 6
jm. auf der Nase ~
herumtasten, *i.* 7
herumtoben, *i.* [sein] 5
herumtollen, *i.* [sein] 5
herumtragen, *t.* 15
herumtrampeln, *i.* 5
auf jm./etw. ~
herumtreiben, *r.* 61
herumtrödeln, *i.* 5
herumtummeln, *r.* 5
herumwälzen, *t.*, *r.* 6
herumwandern, *i.* [sein] 5
herumwickeln, *t.* 5
herumwirbeln, *t.* [haben], *i.* [sein] 5
herumwühlen, *i.* 5
herumwursteln, *i.* 5
an etw. ~
herumzanken, *i.*, *r.* 5
herumzappeln, *i.* 5
herumzerren, *t.* 5
an etw. ~
herunterbeten, *t.* 7
herunterbrennen, *i.* [sein] 25
herunterbringen, *t.* 43
herunterdrücken, *t.* 5
herunterfahren, *t.* [haben], *i.* [sein] 15
herunterfallen, *i.* [sein] 12
heruntergehen, *i.* [sein] 42
herunterhandeln, *t.* 5
herunterhängen, *i.* 22
herunterhauen, *i.* 18
jm. eine ~
herunterholen, *t.* 5
herunterklappen, *t.* 5
herunterkommen, *i.* [sein] 63
herunterkurbeln, *t.* 5
herunterladen, *t.* 15
herunterlassen, *t.* 13
herunterleiern, *t.* 5
herunternehmen, *t.* 37
herunterpurzeln, *i.* [sein] 5
herunterreißen, *t.* 60
herunterrieseln, *i.* [sein] 5
herunterrutschen, *i.* [sein] 5
du rutschst herunter
herunterschalten, *t.* 7
herunterschauen, *i.* 5
herunterschlagen, *t.* 15
herunterschlucken, *t.* 5
heruntersetzen, *t.* 6
herunterspielen, *t.* 5
heruntersteigen, *i.* [sein] 61
herunterstürzen, *i.* [sein] 6
heruntertragen, *t.* 15
heruntertropfen, *i.* [sein] 5
herunterwerfen, *t.* 36
herunterwirtschaften, *t.* 7
herunterziehen, *t.* 54
hervorblicken, *i.* 5
hervorbrechen, *i.* [sein] 35
hervorbringen, *t.* 43

hervorgehen, i. [sein] 42
hervorgucken, i. 5
hervorheben, t. 41
hervorholen, t. 5
hervorkehren, t. 5
hervorkommen, i. [sein] 63
hervorkramen, t. 5
hervorkriechen, i. [sein] 52
hervorlocken, t. 5
hervorquellen, i. [sein] 39
Part.: hervorgequollen
hervorragen, i. 5
hervorrufen, t. 70
hervorschauen, i. 5
hervorschießen, i. [haben, sein] 53
hervorspringen, i. [sein] 47
hervorstechen, i. 35
hervorstehen, i. 28
hervorstottern, t. 5
hervorstürzen, i. [sein] 6
hervortreten, i. [sein] 32
hervortun, r. 69
sich bei etw. ~
hervorwagen, r. 5
hervorzaubern, t. 5
hervorziehen, t. 54
herzen, t. 6
herzaubern, t. 5
herzeigen, t. 5
herziehen, t. [haben], i. [sein] 54
etw. hinter sich ~; über jn. ~
hetzen, t., i. 6
gegen jn. ~
heucheln, t. 4
heuen, i. 4
heulen, i. 4
hexen, i. 6
hieven, t. 4
hinabbegeben, r. 29
Part.: hinabbegeben
hinabfahren, t. [haben], i. [sein] 15
hinabfallen, i. [sein] 12
hinabführen, t., i. 5
hinabgehen, i. [sein] 42
hinabgleiten, i. [sein] 58
hinabklettern, i. [sein] 5
hinablassen, t. 13
hinabrufen, t. 70
hinabrutschen, i. [sein] 5
du rutschst hinab
hinabschauen, i. 5
hinabsenken, t. 5
hinabsinken, i. [sein] 47
hinabsteigen, i. [sein] 61
hinabstoßen, t. 64
hinabstürzen, t. [haben], i. [sein] 6
hinabtragen, t. 15
hinabziehen, t. [haben], i. [sein] 54
hinarbeiten, i. 7
auf etw. ~
hinaufbefördern, t. 9
Part.: hinaufbefördert
hinaufbegeben, r. 29
Part.: hinaufbegeben
hinaufbemühen, t., r. 9
Part.: hinaufbemüht
hinaufbringen, t. 43
hinaufeilen, i. [sein] 5
hinauffahren, t. [haben], i. [sein] 15
hinauffallen, i. [sein] 12
hinaufführen, t. 5
hinaufgehen, i. [sein] 42
hinaufheben, t. 41
hinaufhelfen, i. 38
jm. ~
hinaufklettern, i., [sein] 5
hinaufkommen, i. [sein] 63
hinauflaufen, i. [sein] 17
hinauflegen, t. 5
hinaufreichen, t. 5
hinaufschaffen, t. 16
Part.: hinaufgeschafft
hinaufschauen, i. 5
hinaufschicken, t. 5
hinaufsetzen, t. 6
hinaufspringen, i. [sein] 47
hinaufsteigen, i. [sein] 61
hinaufstellen, t. 5
hinauftragen, t. 15
hinauftreiben, t. 61
hinaufwerfen, t. 36
hinaufziehen, t. 54
hinausbefördern, t. 9
Part.: hinausbefördert
hinausbegeben, r. 29
Part.: hinausbegeben
hinausbegleiten, t. 7
Part.: hinausbegleitet
hinausbeugen, r. 5
hinausblicken, i. 5
hinausbringen, t. 43
hinausbrüllen, t. 5
hinausdrängen, t., r. 5
hinausdringen, i. [sein] 47
hinauseilen, i. [sein] 5
hinausekeln, t. 5
hinausfahren, t. [haben], i. [sein] 15
hinausfallen, i. [sein] 12
hinausfinden, i. 47
hinausführen, t., i. 5
hinausgehen, i. [sein] 42
hinausgeleiten, t. 7
Part.: hinausgeleitet
hinaushängen, t. 22
hinausjagen, t. 5
hinauskomplimentieren, t. 9
Part.: hinauskomplimentiert
hinauslassen, t. 13
hinauslaufen, i. [sein] 17
auf etw. ~
hinauslegen, t. 5
hinauslehnen, r. 7
hinausragen, i. 5
über etw. ~
hinausreichen, t. 5
über etw. ~
hinausschaffen, t. 16
Part.: hinausgeschafft
hinausschauen, i. 5
hinausscheren, r. 41
hinausschicken, t. 5
hinausschieben, t. 52
hinausschießen, i. [haben, sein] 53
hinausschleichen, i. [sein] 57
hinausschleppen, t. 5
hinausschleudern, t. 5
hinausschmeißen, t. 60
hinausschreien, t. 61
hinaussetzen, t. 6
hinausstehen, i. 28
hinausstellen, t. 5
hinausstoßen, t. 64
hinausströmen, i. [sein] 5
hinausstürmen, i. [sein] 5
hinausstürzen,t. [haben], i. [sein] 6
hinaustragen, t. 15
hinaustreten, i. [sein] 32
hinauswachsen, i. [sein] 15
über sich ~
hinausweisen, t. 61
hinauswerfen, t. 36
hinausziehen, t. [haben], i. [sein] 54
hinauszögern, t. 5
hinbegeben, r. 29
Part.: hinbegeben
hinbegleiten, t. 7
Part.: hinbegleitet
hinbemühen, r. 9
Part.: hinbemüht

hinschludern, *t.* 5
hinschmeißen, *t.* 60
hinschmelzen, *i.* [sein] 39
hinschmieren, *t.* 9
hinschreiben, *t.* 61
hinsehen, *i.* 31
hinsenden, *t.* 24
ich sandte/sendete hin
Part.: hingesandt, hingesendet
hinsetzen, *t.*, *r.* 6
hinsiechen, *i.* [sein] 5
hinsinken, *i.* [sein] 47
hinspringen, *i.* [sein] 47
hinstellen, *t.* 5
hinstreuen, *t.* 5
hinströmen, *i.* [sein] 5
hinstürzen, *i.* [sein] 6
hinsudeln, *t.* 5
hintansetzen, *t.* 6
hintanstehen, *i.* 28
hintanstellen, *t.* 5
hintasten, *r.* 7
hinterbringen, *t.* 43
Part.: hinterbracht
jm. etw. ~
hintergehen, *t.* 42
Part.: hintergangen
hinterherfahren, *i.* [sein] 15
hinterhergehen, *i.* [sein] 42
hinterherhinken, *i.* [sein] 5
hinterherkommen, *i.* [sein] 63
hinterherlaufen, *i.* [sein] 17
hinterherrennen, *i.* [sein] 25
hinterhertragen, *t.* 15
hinterhertrotten, *i.* [sein] 7
hinterherziehen, *t.* 54
hinterlassen, *t.* 13
Part.: hinterlassen
hinterlegen, *t.* 9
Part.: hinterlegt
hintreiben, *t.* 61
hinterziehen, *t.* 54
Part.: hinterzogen
hintragen, *t.* 15
hintreten, *i.* [sein] 32
hinüberblicken, *i.* 5
hinüberbringen, *t.* 43
hinübereilen, *i.* [sein] 5
hinüberfahren, *t.* [haben], *i.* [sein] 15
hinüberführen, *t.* 5
hinübergehen, *i.* [sein] 42
hinübergreifen, *i.* 58
hinübergucken, *i.* 5
hinüberhelfen, *i.* 38
hinüberklettern, *i.* [sein] 5
hinüberkommen, *i.* [sein] 63
hinüberlassen, *t.* 13
hinüberlaufen, *i.* [sein] 17
hinüberreichen, *t.* 5
hinüberrennen, *i.* [sein] 25
hinüberschaffen, *t.* 16
Part.: hinübergeschafft
hinüberschauen, *i.* 5
hinüberschwimmen, *i.* [sein] 46
hinübersehen, *i.* 31
hinübersetzen, *t.*, *r.* 6
hinüberspringen, *i.* [sein] 47
hinübersteigen, *i.* [sein] 61
hinübertragen, *t.* 15
hinübertransportieren, *t.* 9
Part.: hinübertransportiert
hinüberwechseln, *i.* [sein] 5
hinüberwerfen, *t.* 36
hinüberziehen, *t.* [haben], *i.* [sein] 54
hinunterbegeben, *r.* 29
Part.: hinunterbegeben
hinunterbegleiten, *t.* 7
Part.: hinunterbegleitet
hinunterbeugen, *r.* 5
hinunterblicken, *i.* 5
hinunterbringen, *t.* 43
hinuntereilen, *i.* [sein] 5
hinunterfahren, *t.* [haben], *i.* [sein] 15
hinunterfallen, *i.* [sein] 12
hinunterfließen, *i.* [sein] 53
hinunterführen, *t.* 5
hinuntergehen, *i.* [sein] 42
hinuntergleiten, *i.* [sein] 58
hinunterhelfen, *i.* 38
jm. ~
hinunterkippen, *t.* 5
hinunterklettern, *i.* [sein] 5
hinunterkommen, *i.* [sein] 63
hinunterkugeln, *i.* [sein] 5
hinunterlassen, *t.* 13
hinunterlaufen, *i.* [sein] 17
hinunterpurzeln, *i.* [sein] 5
hinunterreichen, *t.* 5
hinunterrennen, *i.* [sein] 25
hinunterrollen, *t.* [haben], *i.* [sein] 5
hinunterrufen, *t.* 70
hinunterrutschen, *i.* [sein] 5
du rutschst hinunter
hinunterschauen, *i.* 5
hinunterschicken, *t.* 5
hinunterschlingen, *t.* 47
hinunterschlucken, *t.* 5
hinuntersehen, *i.* 31
hinunterspringen, *i.* [sein] 47
hinunterspucken, *i.* 5
hinunterspülen, *t.* 5
hinuntersteigen, *i.* [sein] 61
hinunterstoßen, *t.* 64
hinunterstürzen, *t.* [haben], *i.* [sein] 6
hinuntertragen, *t.* 15
hinunterwagen, *r.* 5
hinunterwerfen, *t.* 36
hinunterziehen, *t.* [haben], *i.* [sein] 54
hinwegbringen, *t.* 43
hinwegfegen, *t.* 5
über etw. ~
hinweggehen, *i.* [sein] 42
über etw. ~
hinweggleiten, *i.* [sein] 58
über etw. ~
hinweghelfen, *i.* 38
jm. über etw. ~
hinwegkommen, *i.* [sein] 63
über etw. ~
hinweglaufen, *i.* [sein] 17
über etw. ~
hinwegschreiten, *i.* [sein] 58
über etw. ~
hinwegsehen, *i.* 31
über etw. ~
hinwegsetzen, *r.* 6
sich über etw. ~
hinwegspringen, *i.* [sein] 47
über etw. ~
hinwegtäuschen, *t.* 5
du täuschst hinweg
jn. über etw. ~
hinwegtrösten, *t.* 7
jn. über etw. ~
hinweisen, *t.* 61
jn. auf etw. ~
hinwenden, *r.* 24
hinwerfen, *t.* 36
hinwirken, *i.* 5
auf etw. ~
hinzeigen, *i.* 5
hinziehen, *t.* [haben], *i.* [sein], *r.* 54
hinzielen, *i.* 5
auf etw. ~
hinzueilen, *i.* [sein] 5
hinzufügen, *t.* 5
hinzugeben, *t.* 29
hinzugehören, *i.* 9

K

kabbeln, *r.*	4
kacheln, *t.*	4
kacken, *i.*	4
kalben, *i.*	4
kalibrieren, *t.*	9
kalken, *t.*	4
kalkulieren, *t.*	9
kämmen, *t., r.*	4
kämpfen, *i.*	4
kampieren, *i.*	9
kanalisieren, *t.*	9
kandidieren, *i.*	9
kandieren, *t.*	9
kapern, *t.*	4
kapieren, *t.*	9
kapitalisieren, *t.*	9
kapitulieren, *i.*	9
kappen, *t.*	4
karamellisieren, *t.*	9
karieren, *t.*	9
karikieren, *t.*	9
kartonieren, *t.*	9
kasernieren, *t.*	9
kassieren, *t.*	9
kastrieren, *t.*	9
katalogisieren, *t.*	9
katalysieren, *t.*	9
katapultieren, *t.*	9
katzbuckeln, *i.*	4
jm. ~	
kauen, *t.*	4
kauern, *i., r.*	4
kaufen, *t.*	4
kehren, *t.*	4
keifen, *i., t.*	4
keimen, *i.*	4
keltern, *t.*	4
kennen, *t.*	25
kennzeichnen, *t.*	7
kentern, *i.* [sein]	4
keuchen, *i., t.*	4
kichern, *i.*	4
kicken, *t.*	4
kidnappen, *t.*	4
kippen, *t.*	4
kitten, *t.*	7
kitzeln, *t.*	4
klaffen, *i.*	4
kläffen, *i., t.*	4
klagen, *i.*	4
klammern, *t.i. , r.*	4
klappen, *i.*	4
klappern, *i.*	4
klären, *t.*	4
***klar*kommen**, *i.* [sein]	63
***klar*legen**, *t.*	5
***klar*machen**, *t.*	5
***klar*stellen**, *t.*	5
klassifizieren, *t.*	9
klatschen, *i.*	4
du klatschst	
klauen, *t.*	4
kleben, *t., i.*	4
kleckern, *i.*	4
klecksen, *i.*	6
kleiden, *t., r.*	7
kleistern, *t.*	4
klemmen, *t., i.*	4
klettern, *i.* [sein]	4
klicken, *i.*	4
klimatisieren, *t.*	9
klimmen, *i.*	48
klimpern, *i.*	4
klingeln, *i.*	4
klingen, *i.*	47
klirren, *i.*	4
klonen, *t.*	4
klopfen, *i.*	4
an eine Tür ~	
klumpen, *i.*	4
knabbern, *i.*	4
knacken, *t., i.*	4
knallen, *t., i.*	4
knarren, *i.*	4
knattern, *i.*	4
knausern, *i.*	4
mit etw. ~	
knautschen, *i.*	4
du knautschst	
knebeln, *t.*	4
knechten, *t.*	7
kneifen, *t.*	58
kneten, *t.*	7
knicken, *t.*	4
knien, *i., r.*	4
knipsen, *t.*	6
knirschen, *i.*	4
du knirschst	
knistern, *i.*	4
knittern, *i.*	4
knobeln, *i.*	4
knuddeln, *t.*	4
knüllen, *t.*	4
knüpfen, *t.*	4
knurren, *i., t.*	4
knutschen, *t.*	4
du knutschst	
kochen, *t., i.*	4
ködern, *t.*	4
kodieren, *t.*	9
kodlfizieren, *t.*	9
koffeinieren, *t.*	9
kokettieren, *i.*	9
kollaborieren, *i.*	9
kollidieren, *i.* [sein]	9
kolonialisieren, *t.*	9
kolonisieren, *t.*	9
kombinieren, *t.*	9
kommandieren, *t.*	9
kommen, *i.* [sein]	63
kommentieren, *t.*	9
kommerzialisieren, *t.*	9
kompensieren, *t.*	9
komplizieren, *t.*	9
kompostieren, *t.*	9
kompromittieren, *t.*	9
kondensieren, *t., i.*	9
kondolieren, *i.*	9
jm. zu etw. ~	
konfirmieren, *t.*	9
konfiszieren, *t.*	9
konfrontieren, *t.*	9
konjugieren, *t.*	9
konkretisieren, *t.*	9
konkurrieren, *i.*	9
mit jm./etw. ~	
können, *i.*	67
konservieren, *t.*	9
konsolidieren, *t.*	9
konspirieren, *i.*	9
konstatieren, *t.*	9
konstituieren, *t., r.*	9
konstruieren, *t.*	9
konsultieren, *t.*	9
kontern, *t.*	4
kontrastieren, *i.*	9
kontrollieren, *t.*	9
konturieren, *t.*	9
konvergieren, *i.*	9
konvertieren, *t.*	9
konzelebrieren, *t.*	9
konzentrieren, *t., r.*	9
konzertieren, *i.*	9
konzessionieren, *t.*	9
kooperieren, *i.*	9
mit etw./jm. ~	
koordinieren, *t.*	9

pflücken, *t.*	4
pflügen, *t.*	4
pfropfen, *t.*	4
pfuschen, *i.*	4
du pfuschst	
phantasieren, *i.*	9
philosophieren, *i.*	9
picken, *t.*	4
picknicken, *i.*	4
pieken, *t.*	4
pieksen, *t.*	6
piepen, *i.*	4
piepsen, *i.*	6
pilgern, *i.* [sein]	4
pinkeln, *i.*	4
pinseln, *t.*	4
pirschen, *i.*	4
du pirschst	
plädieren, *i.*	9
gegen/für etw. ~	
plagen, *t.*	4
planen, *t.*	4
planieren, *t.*	9
***plan*schleifen**, *t.*	58
plantschen, *i.*	4
du plantschst	
plappern, *t.*, *i.*	4
plärren, *t.*	4
plätschern, *i.*	4
plattieren, *t.*	9
platzen, *i.* [sein]	6
platzieren, *t.*	9
plaudern, *i.*	4
plissieren, *t.*	9
plombieren, *t.*	9
plumpsen, *i.* [sein]	6
plündern, *t.*	4
plustern, *r.*	4
pochen, *i.*	4
auf etw. ~	
pochieren, *t.*	9
pökeln, *t.*	4
polarisieren, *t.*	9
polemisieren, *i.*	9
polieren, *t.*	9
politisieren, *i.*	9
polstern, *t.*	4
poltern, *i.*	4
pomadisieren, *t.*	9
popularisieren, *t.*	9
porträtieren, *t.*	9
posaunen, *i.*	9
posieren, *i.*	9
positionieren, *t.*	9
postieren, *t.*	9
postulieren, *t.*	9
prädisponieren, *t.*	9
prägen, *t.*	4
prahlen, *i.*	4
praktizieren, *t.*	9
prallen, *i.* [sein]	4
prämieren, *t.*	9
präsentieren, *t.*	9
prasseln, *i.*	4
prassen, *i.*	6
präzisieren, *t.*	9
predigen, *t.*	4
preisen, *t.*	61
prellen, *t.*	4
pressen, *t.*	6
prickeln, *i.*	4
privatisieren, *t.*	9
privilegieren, *t.*	9
proben, *t.*	4
probieren, *t.*	9
problematisieren, *t.*	9
produzieren, *t.*	9
profitieren, *i.*	9
von jm./etw. ~	
prognostizieren, *t.*	9
programmieren, *t.*	9
projektieren, *t.*	9
projizieren, *t.*	9
proklamieren, *t.*	9
promenieren, *i.*	9
promovieren, *i.*	9
propagieren, *t.*	9
prophezeien, *t.*	9
prostituieren, *r.*	9
protegieren, *t.*	9
protestieren, *i.*	9
gegen etw. ~	
protokollieren, *t.*	9
protzen, *i.*	6
mit etw. ~	
provozieren, *t.*	9
prozessieren, *i.*	9
gegen jn. ~	
prüfen, *t.*	4
prügeln, *t.*	4
psalmodieren, *i.*	9
publizieren, *t.*	9
pudern, *t.*, *r.*	4
pulsieren, *i.*	9
pulverisieren, *t.*	9
pumpen, *t.*	4
punkten, *i.*	7
punktieren, *t.*	9
pusten, *t.*, *i.*	7
putschen, *i.*	4
du putschst	
putzen, *t.*	6

Q

quaken, *i.*	4
quälen, *t.*	4
qualifizieren, *t.*, *r.*	9
qualmen, *t.*, *i.*	4
quasseln, *i.*	4
quatschen, *i.*	4
du quatschst	
quellen, *t.* [haben], *i.* [sein]	39
Part.: gequellt (tr.)	
Part.: gequollen (itr.)	
quengeln, *i.*	4
quetschen, *t.*	4
du quetschst	
quieken, *i.*	4
quietschen, *i.*	4
du quietschst	
quirlen, *t.*	4
quittieren, *t.*	9
quotieren, *t.*	9

R

rächen, *t.*, *r.*	4
rackern, *i.*	4
radeln, *i.* [sein]	4
rädern, *t.*	4
radieren, *t.*	9
radikalisieren, *t.*	9
raffen, *t.*	4
raffinieren, *t.*	9
ragen, *i.*	4
rahmen, *t.*	4
rammeln, *i.*	4
rammen, *t.*	4
ramponieren, *t.*	9
ramschen, *t.*	4
du ramschst	
randalieren, *i.*	9
rangieren, *t.*, *i.*	9
ranken, *i.* [sein], *r.*	4
rappeln, *unp.*	4
rascheln, *i.*	4
rasen, *i.* [sein]	6
rasieren, *t.*, *r.*	9

raspeln, *t.*	4
rasseln, *i.*	4
rasten, *i.*	7
raten, *t.*	11
jm. etw. ~	
ratifizieren, *t.*	9
rationalisieren, *t.*	9
rationieren, *t.*	9
rätseln, *i.*	4
rattern, *i.*	4
rauben, *t.*	4
jm. etw. ~	
rauchen, *t., i.*	4
räuchern, *t.*	4
rauen, *t.*	4
raufen, *i., r.*	4
räumen, *t.*	4
raunen, *t.*	4
rauschen, *i.*	4
du rauschst	
räuspern, *r.*	4
reagieren, *i.*	9
reaktivieren, *t.*	9
realisieren, *t.*	9
rebellieren, *i.*	9
gegen etw. ~	
rechen, *t.*	4
rechnen, *t., r.*	7
rechtfertigen, *t., r.*	4
recken, *t., r.*	4
reden, *t.*	7
rediskontieren, *t.*	9
reduzieren, *t.*	9
reflektieren, *t.*	9
reformieren, *t.*	9
regeln, *t.*	4
regen, *r.*	4
regenerieren, *t., r.*	9
regieren, *t.*	9
registrieren, *t.*	9
reglementieren, *t.*	9
regnen, *unp.*	7
regulieren, *t.*	9
rehabilitieren, *t.*	9
reiben, *t.*	61
reichen, *t.*	4
jm. etw. ~	
reifen, *i.* [sein]	4
reihen, *t., r.*	4
reimen, *t., r.*	4
***rein*fallen**, *i.* [sein]	12
auf jn./etw. ~	
reinigen, *t.*	4
***rein*legen**, *t.*	5
***rein*waschen**, *t.*	15
reisen, *i.* [sein]	6
reißen, *t.*	60
reiten, *i.* [sein]	58
reizen, *t.*	6
rekapitulieren, *t.*	9
rekeln, *r.*	4
reklamieren, *t.*	9
rekonstruieren, *t.*	9
rekrutieren, *t.*	9
relegieren, *t.*	9
remittieren, *t.*	9
rennen, *i.* [sein]	25
renovieren, *t.*	9
rentieren, *r.*	9
reorganisieren, *t.*	9
reparieren, *t.*	9
repräsentieren, *t.*	9
reprivatisieren, *t.*	9
reproduzieren, *t.*	9
requirieren, *t.*	9
reservieren, *t.*	9
residieren, *i.*	9
resorbieren, *t.*	9
respektieren, *t.*	9
restaurieren, *t.*	9
resultieren, *i.*	9
resümieren, *t.*	9
retten, *t.*	7
retuschieren, *t.*	9
revanchieren, *r.*	9
revidieren, *t.*	9
revoltieren, *i.*	9
gegen etw./jn. ~	
revolutionieren, *t.*	9
rezitieren, *t.*	9
rezyklieren, *t.*	9
richten, *t., r.*	7
sich an jn. ~	
riechen, *t., i.*	52
rieseln, *unp.*	4
rillen, *t.*	4
ringeln, *r.*	4
ringen, *i.*	47
um etw. ~	
rinnen, *i.* [sein]	46
riskieren, *t.*	9
ritzen, *t.*	6
rivalisieren, *i.*	9
robben, *i.* [sein]	4
röcheln, *i.*	4
roden, *t.*	7
rollen, *t.* [haben], *i.* [sein]	4
röntgen, *t.*	4
rosten, *i.*	7
rösten, *t.*	7
röten, *t., r.*	7
rotieren, *i.*	9
rückdatieren, *t.*	9
rücken, *t.*	4
rückfragen, *i.*	4
Part.: rückgefragt	
rückführen, *t.*	4
Part.: rückgeführt	
rückvergüten, *t.*	7
Part.: rückvergütet	
rückversichern, *t.*	9
Part.: rückversichert	
rudern, *t.*	4
rufen, *t.*	70
rügen, *t.*	4
ruhen, *i.*	4
rühmen, *t., r.*	4
rühren, *t., r.*	4
ruinieren, *t.*	9
rülpsen, *i.*	6
rümpfen, *t.*	4
runden, *t.*	7
runzeln, *t.*	4
rupfen, *t.*	4
rußen, *i.*	6
rüsten, *t.*	7
rutschen, *i.* [sein]	4
du rutschst	
rütteln, *t.*	4

S

sabbern, *i.*	4
sabotieren, *t.*	9
säen, *t.*	4
sagen, *t.*	4
jm. etw. ~	
sägen, *t.*	4
säkularisieren, *t.*	9
salben, *t.*	4
saldieren, *t.*	9
salutieren, *i.*	9
jm. ~	
salzen, *t.*	6
Part.: gesalzen	
sammeln, *t.*	4
sandstrahlen, *t.*	4
nur im Inf. und Part. Perf. gebräuchlich	

schrumpeln, *i.* [sein]	4
schrumpfen, *i.* [sein]	4
schubsen, *t.*	6
schuften, *i.*	7
schulden, *t.*	7
jm. etw. ~	
schulen, *t.*	4
schulmeistern, *t.*	4
schuppen, *t., r.*	4
schüren, *t.*	4
schürfen, *t.*	4
nach etw. ~	
schustern, *i.*	4
schütteln, *t., r.*	4
schütten, *t.*	7
schützen, *t., r.*	6
jn. vor etw. ~	
schwabbeln, *i.*	4
schwächen, *t.*	4
schwafeln, *i.*	4
schwängern, *t.*	4
schwanken, *i.*	4
schwänzen, *t.*	6
schwappen, *i.* [sein]	4
schwärmen, *i.* [sein, haben]	4
schwärzen, *t.*	6
schwatzen, *i.*	6
schwätzen, *i.*	6
schweben, *i.* [sein]	4
schwefeln, *t.*	4
schweifen, *i.* [sein]	4
schweigen, *i.*	61
schweißen, *t.*	6
schwelen, *i.*	4
schwellen, *i.*	39
schwemmen, *t.*	4
schwenken, *t.*	4
schwimmen, *i.* [sein]	46
schwindeln, *i.*	4
schwinden, *i.* [sein]	47
schwingen, *t.*	47
schwirren, *i.* [sein]	4
schwitzen, *i.*	6
schwofen, *i.*	4
schwören, *t.*	66
jm. etw. ~	
scrollen, *i.*	4
segeln, *t.* [haben], *i.* [sein]	4
segnen, *t.*	7
sehen, *t.*	31
sehnen, *r.*	4
sich nach jm./etw. ~	
seifen, *t.*	4
seihen, *t.*	4
sein, *i.* [sein]	2
sekundieren, *t.*	9
selektieren, *t.*	9
senden, *t.*	24
jm. etw. ~	
senken, *t., r.*	4
sensibilisieren, *t.*	9
servieren, *t.*	9
jm. etw. ~	
setzen, *t., r.*	6
seufzen, *i.*	6
sezieren, *t.*	9
sichern, *t.*	4
***sicher*stellen**, *t.*	5
sickern, *i.* [sein]	4
sieben, *t.*	4
siedeln, *i.*	4
sieden, *t., i.*	56
siegeln, *t.*	4
siegen, *i.*	4
über jn. ~	
siezen, *t.*	6
signalisieren, *t.*	9
simulieren, *t.*	9
singen, *t.*	47
sinken, *i.* [sein]	47
sinnen, *i.*	46
sitzen, *i.* [haben, süddeutsch: sein]	45
skalpieren, *t.*	9
skandieren, *i.*	9
skizzieren, *t.*	9
solidarisieren, *r.*	9
sollen, *i.*	65
sondieren, *t.*	9
sonnen, *t., r.*	4
sorgen, *i.*	4
für jn./etw. ~	
sortieren, *t.*	9
soupieren, *i.*	9
sozialisieren, *t.*	9
spähen, *i.*	4
spalten, *t.*	7
spannen, *t.*	4
sparen, *t.*	4
spaßen, *i.*	6
spazieren, *i.* [sein]	9
speichern, *t.*	4
speien, *t.*	61
speisen, *t.*	6
spekulieren, *i.*	9
auf etw. ~, über etw. ~	
spenden, *t.*	7
jm. etw. ~	
sperren, *t.*	4
spezialisieren, *t., r.*	9
sich auf etw. ~	
spezifizieren, *t.*	9
spicken, *t.*	4
spiegeln, *t., i., r.*	4
sich in etw. ~	
spielen, *t.*	4
spießen, *t.*	6
spinnen, *i.*	46
spionieren, *i.*	9
spitzen, *t.*	6
spleißen, *t.*	60
splittern, *i.* [sein]	4
sponsern, *t.*	4
spötteln, *i.*	4
spotten, *i.*	7
sprayen, *t.*	4
sprechen, *i.*	35
spreizen, *t.*	6
sprengen, *t.*	4
sprenkeln, *t.*	4
sprießen, *i.* [sein]	6
springen, *i.* [sein]	47
sprinten, *i.* [sein]	7
spritzen, *t.* [haben], *i.* [sein]	6
sprudeln, *i.* [sein]	4
sprühen, *t.* [haben], *i.* [sein]	4
spucken, *t., i.*	4
spuken, *unp.*	4
spulen, *t.*	4
spülen, *t.*	4
spüren, *t.*	4
spurten, *i.* [sein]	7
stabilisieren, *t.*	9
staffeln, *t.*	4
stagnieren, *i.*	9
stählen, *t., r.*	4
stammeln, *t., i.*	4
stammen, *i.*	4
~ aus	
stampfen, *t., i.*	4
standardisieren, *t.*	9
***stand*halten**, *i.*	11
einer Sache ~	
stanzen, *t.*	6
stapeln, *t.*	4
stapfen, *i.* [sein]	4
stärken, *t., r.*	4
starren, *i.*	4
starten, *t.* [haben], *i.* [sein]	7

stationieren, *t.* 9
***statt*finden**, *i.* 47
***statt*geben**, *i.* 29
einer Sache ~
stauben, *unp.* 4
stäuben, *i.* 4
staubsaugen, *t.* 4
ich saubsauge/saugte Staub
Part.: gestaubsaugt, Staub gesaugt
stauchen, *t.* 4
stauen, *t.*, *r.* 4
staunen, *i.* 4
stechen, *t.*, *i.* 35
stecken, *t.* 4
stehen, *i.* [haben, süddeutsch: sein] 28
stehlen, *t.* 34
jm. etw. ~
steigen, *i.* [sein] 61
steinigen, *t.* 4
stellen, *t.*, *r.* 4
sich einer Sache ~
stemmen, *t.* 4
stempeln, *t.* 4
stenografieren, *t.* 9
steppen, *t.* 4
sterben, *i.* [sein] 36
sterilisieren, *t.* 9
steuern, *t.* 4
stibitzen, *t.* 6
Part.: stibitzt
sticheln, *i.* 4
sticken, *t.* 4
stiften, *t.* 7
stigmatisieren, *t.* 9
stilisieren, *t.* 9
stillen, *t.* 4
stimmen, *i.*, *t.* 4
stimulieren, *t.* 9
stinken, *i.* 47
stöbern, *i.* 4
stochern, *i.* 4
in etw. ~
stocken, *i.* 4
stöhnen, *i.* 4
stolpern, *i.* [sein] 4
stolzieren, *i.* [sein] 9
stopfen, *t.* 4
stoppen, *t.* 4
stöpseln, *t.* 4
stornieren, *t.* 9
stoßen, *t.*, *i.*, *r.* 64
auf etw. ~
stottern, *t.*, *i.* 4
strafen, *t.* 4
straffen, *t.* 4
strahlen, *i.* 4
strampeln, *i.* 4
stranden, *i.* [sein] 7
strangulieren, *t.* 9
strapazieren, *t.* 9
sträuben, *r.* 4
straucheln, *i.* [sein] 4
streben, *i.* [haben, sein] 4
nach etw. ~
strecken, *t.* 4
streicheln, *t.* 4
streichen, *t.* 57
streifen, *t.* [haben], *i.* [sein] 4
streiken, *i.* 4
streiten, *t.*, *r.* 58
stressen, *t.* 6
streuen, *t.*, *i.* 4
stricheln, *t.* 4
stricken, *t.* 4
striegeln, *t.* 4
strömen, *i.* [sein] 4
strotzen, *i.* 6
vor etw. ~
strudeln, *i.* 4
strukturieren, *t.* 9
studieren, *t.* 9
stülpen, *t.* 4
stupsen, *t.* 6
stürmen, *t.* *i.* [sein] 4
stürzen, *t.* [haben], *i.* [sein], *r.* 6
stutzen, *i.* 6
stützen, *t.* 6
sublimieren, *t.* 9
substantivieren, *t.* 9
subtrahieren, *t.* 9
subventionieren, *t.* 9
suchen, *t.*, *i.* 4
nach etw. ~
sudeln, *t.*, *i.* 4
suggerieren, *t.* 9
jm. etw. ~
suhlen, *r.* 4
sühnen, *t.* 4
summen, *t.*, *i.* 4
summieren, *t.*, *r.* 9
sündigen, *i.* 4
surfen, *i.* 4
surren, *i.* 4
suspendieren, *t.* 9
jn. von etw. ~
süßen, *t.* 6
symbolisieren, *t.* 9
sympathisieren, *i.* 9
mit jm./etw. ~
synchronisieren, *t.* 9
systematisieren, *t.* 9

T

tabuisieren, *t.* 9
tadeln, *t.* 4
täfeln, *t.* 4
tagen, *i.* 4
takeln, *t.* 4
tändeln, *i.* 4
tanken, *t.* 4
tänzeln, *i.* [sein] 4
tanzen, *i.* 6
tapezieren, *t.* 9
tarieren, *t.* 9
tarnen, *t.*, *r.* 4
tasten, *t.*, *r.* 7
tätigen, *t.* 4
tätowieren, *t.* 9
tätscheln, *t.* 4
tauchen, *i.* 4
tauen, *unp.* 4
taufen, *t.* 4
taumeln, *i.* [sein] 4
tauschen, *t.* 4
du tauschst
etw. gegen etw. anderes ~
täuschen, *t.*, *r.* 4
du täuschst
sich in jm. ~
taxieren, *i.* 9
technisieren, *t.* 9
teeren, *t.* 4
teilen, *t.*, *r.* 4
10 durch 5 ~
***teil*haben**, *i.* 1
an etw. ~
***teil*nehmen**, *i.* 37
an etw. ~
telefonieren, *i.* 9
telegrafieren, *i.* 9
jm. ~
temperieren, *t.* 9
tendieren, *i.* 9
zu etw. ~
terrorisieren, *t.* 9
testen, *t.* 7

thematisieren, *t.* 9
thronen, *i.* 4
ticken, *i.* 4
tiefkühlen, *t.* 5
nur im Inf. und Part. Perf. gebräuchlich
Part.: tiefgekühlt
tilgen, *t.* 4
tippen, *t.* 4
tirilieren, *i.* 9
tischlern, *i.* 4
titeln, *i.* 4
toasten, *t.* 7
toben, *i.* 4
tolerieren, *t.* 9
tönen, *t., i.* 4
torkeln, *i.* [sein] 4
torpedieren, *t.* 9
tosen, *i.* 6
töten, *t.* 7
toupieren, *t.* 9
traben, *i.* [sein] 4
trachten, *t.* 7
nach etw. ~
tragen, *t.* 15
trainieren, *t., i.* 9
traktieren, *t.* 9
trällern, *t.* 4
trampeln, *i.* 4
tranchieren, *t.* 9
tränen, *i.* 4
tränken, *t.* 4
transchieren, *t.* 9
transferieren, *t.* 9
transpirieren, *i.* 9
transplantieren, *t.* 9
transportieren, *t.* 9
tratschen, *i.* 4
du tratschst
trauen, *t., i., r.* 4
jm./einer Sache ~
trauern, *i.* 4
um jn./etw. ~
träufeln, *t.* 4
träumen, *t.* 4
treffen, *t.* 33
treiben, *t., i.* 61
trennen, *t., r.* 4
sich von jm./etw. ~
treten, *t.* 32
triefen, *i.* 55
triften, *i.* [sein] 7
trillern, *i.* 4
trinken, *t.* 47
trippeln, *i.* [sein] 4
triumphieren, *i.* 9
über jn./etw. ~
trocknen, *t.* [haben], *i.* [sein] 7
trödeln, *i.* 4
trollen, *r.* 4
trommeln, *t., i.* 4
trompeten, *i.* 7
Part.: trompetet
tröpfeln, *t., unp.* 4
tropfen, *t., i., unp.* 4
trösten, *t.* 7
trotten, *i.* [sein] 7
trotzen, *i.* 6
einer Sache/jm. ~
trüben, *t., r.* 4
trudeln, *i.* [sein] 4
trügen, *t.* 71
tüfteln, *i.* 4
tummeln, *t., r.* 4
tun, *t.* 69
tünchen, *t.* 4
tunken, *t.* 4
tüpfeln, *t.* 4
tupfen, *t.* 4
turteln, *i.* 4
tuscheln, *i.* 4
tuschen, *t.* 4
du tuschst
tyrannisieren, *t.* 9

U

üben, *t., r.* 4
sich in etw. ~
überanstrengen, *r.* 9
Part.: überanstrengt
überantworten, *t.* 7
Part.: überantwortet
jm. etw. ~
überarbeiten, *t., r.* 7
Part.: überarbeitet
überbacken, *t.* 15
Part.: überbacken
überbauen, *t.* 9
überbeanspruchen, *t.* 9
Part.: überbeansprucht
***über*bekommen**, *t.* 63
Part.: überbekommen
überbelasten, *t.* 7
Part.: überbelastet
überbelichten, *t.* 7
überbesteuern, *t.* 9
überbetonen, *t.* 9
überbewerten, *t.* 7
Part.: überbewertet
überbezahlen, *t.* 9
überbieten, *t.* 52
Part.: überboten
***über*bleiben**, *i.* 61
überblenden, *t.* 7
Part.: überblendet
überblicken, *t.* 9
überbringen, *t.* 43
Part.: überbracht
jm. etw. ~
überbrücken, *t.* 9
überbrühen, *t.* 9
überdachen, *t.* 9
überdauern, *t.* 9
überdecken, *t.* 9
überdehnen, *t.* 9
überdenken, *t.* 27
Part.: überdacht
überdosieren, *t.* 9
überdrehen, *t.* 9
übereignen, *t.* 7
Part.: übereignet
jm. etw. ~
übereilen, *t.* 9
***überein*kommen**, *i.* [sein] 63
Part.: übereingekommen
***überein*stimmen**, *i.* 5
Part.: übereingestimmt
mit etw. ~
überfahren, *t.* 15
Part.: überfahren
überfallen, *t.* 12
Part.: überfallen
überfliegen, *t.* 52
Part.: überflogen
überfließen, *i.* [sein] 53
Part.: übergeflossen in der Bedeutung über den Rand fließen
Part.: überflossen in der Bedeutung überflutet sein
überflügeln, *t.* 9
überfluten, *t.* 7
Part.: überflutet
überfordern, *t.* 9
überfressen, *r.* 30
Part.: überfressen
überfremden, *t.* 7
Part.: überfremdet

V

Part.: verbeamtet
verbeißen, *t., r.* 60
Part.: verbissen
sich in etw. ~
verbergen, *t., r.* 35
etw. vor jm. ~
Part.: verborgen
verbessern, *t.* 9
verbeugen, *r.* 9
sich vor jm. ~
verbeulen, *t.* 9
verbiegen, *t.* 52
Part.: verbogen
verbiestern, *i.* [sein] 9
verbieten, *t.* 52
Part.: verboten
jm. etw. ~
verbildlichen, *t.* 9
verbilligen, *t.* 9
verbinden, *t., r.* 47
Part.: verbunden
verbitten, *r.* 44
Part.: verbeten
verbittern, *t.* [sein] 9
verblassen, *i.* [sein] 13
Part.: verblasst
verblättern, *t.* 9
verbläuen, *t.* [haben], *i.* [sein] 9
verbleiben, *i.* [sein] 61
Part.: verblieben
verbleichen, *i.* [sein] 57
Part.: verbleicht
verbleien, *t.* 9
verblenden, *t.* 7
Part.: verblendet
verbleuen, *t.* 9
verblöden, *i.* [sein] 7
Part.: verblödet
verblüffen, *t.* 9
verblühen, *i.* [sein] 9
verbluten, *i.* [sein] 7
Part.: verblutet
verbocken, *t.* 9
verbohren, *r.* 9
sich in etw. ~
verbolzen, *t.* 6
Part.: verbolzt
verbrämen, *t.* 9
verbrauchen, *t.* 9
verbrechen, *t.* 35
Part.: verbrochen
verbreiten, *t., r.* 7
Part.: verbreitet
verbreitern, *t.* 9
verbrennen, *t.* [haben], *i.* [sein], *r.* 25
Part.: verbrannt
verbriefen, *t.* 9
verbringen, *t.* 43
Part.: verbracht
verbrüdern, *r.* 9
verbrühen, *t., r.* 9
verbuchen, *t.* 9
etw. ~ als
verbuddeln, *t.* 9
verbummeln, *t.* 9
verbünden, *r.* 7
Part.: verbündet
verbürgen, *r.* 9
sich für etw. ~
verbürgerlichen, *t.* [haben], *i.* [sein] 9
verbüßen, *t.* 6
Part.: verbüßt
verbuttern, *t.* 9
verchromen, *t.* 9
verdächtigen, *t.* 9
verdammen, *t.* 9
verdampfen, *t.* [haben], *i.* [sein] 9
verdanken, *t.* 9
jm. etw. ~
verdauen, *t.* 9
verdecken, *t.* 9
verdenken, *t.* 27
keine zs.gesetzten Zeiten
jm. etw. ~
verderben, *t.* [haben], *i.* [sein] 36
Part.: verdorben
verdeutlichen, *t.* 9
verdeutschen, *t.* 9
du verdeutschst
jm. etw. ~
verdichten, *t., r.* 7
Part.: verdichtet
verdicken, *t.* 9
verdienen, *t.* 9
verdingen, *r.* 9
Part.: verdingt, verdungen
verdonnern, *t.* 9
jn. zu etw. ~
verdoppeln, *t., r.* 9
verdorren, *i.* [sein] 9
verdrahten, *t.* 7
Part.: verdrahtet
verdrängen, *t.* 9
verdrecken, *i.* [sein] 9
verdrehen, *t.* 9
verdreifachen, *t., r.* 9
verdreschen, *t.* 39
Part.: verdroschen
verdrießen, *t.* 53
Part.: verdrossen
jm. etw. ~
verdrücken, *t., r.* 9
verdübeln, *t.* 9
verduften, *i.* [sein] 7
Part.: verduftet
verdummen, *t.* 9
verdunkeln, *t., r.* 9
verdünnen, *t.* 9
verdünnisieren, *r.* 9
verdunsten, *i.* [sein] 7
Part.: verdunstet
verdursten, *i.* [sein] 7
Part.: verdurstet
verdusseln, *t.* [haben], *i.* [sein] 9
verdüstern, *t., r.* 9
verebben, *i.* [sein] 9
veredeln, *t., r.* 9
verehelichen, *r.* 9
verehren, *t.* 9
vereidigen, *t.* 9
vereinbaren, *t.* 9
vereinen, *t., r.* 9
vereinfachen, *t.* 9
vereinheitlichen, *t.* 9
vereinigen, *t., r.* 9
vereinnahmen, *t.* 9
vereinsamen, *i.* [sein] 9
vereinzeln, *t.* 9
vereisen, *t.* [haben], *i.* [sein] 6
Part.: vereist
vereiteln, *t.* 9
vereitern, *i.* [sein] 9
verelenden, *i.* [sein] 7
Part.: verelendet
verenden, *i.* [sein] 7
Part.: verendet
verengen, *t.* 9
vererben, *t., r.* 9
verewigen, *t., r.* 9
verfahren, *t.* [haben], *i.* [sein], *r.* 15
Part.: verfahren
verfallen, *i.* [sein] 12
Part.: verfallen
verfälschen, *t.* 9
verfangen, *i., r.* 10
Part.: verfangen
verfärben, *r.* 9
verfassen, *t.* 6
Part.: verfasst

verjubeln, *t.* 9
verjüngen, *t.*, *r.* 9
verjuxen, *t.* 6
Part.: verjuxt
verkabeln, *t.* 9
verkalken, *t.*, *i.* 9
verkalkulieren, *r.* 9
verkapseln, *t.*, *r.* 9
verkarsten, *i.* [sein] 7
Part.: verkarstet
verkaufen, *t.* 9
jm. etw. ~
verkehren, *t.*, *i.* *r.* 9
verkeilen, *t.*, *r.* 9
verkennen, *t.* 25
Part.: verkannt
verketten, *t.* 7
Part.: verkettet
verketzern, *t.* 9
verkitschen, *t.* 9
du verkitschst
verkitten, *t.* 7
Part.: verkittet
verklagen, *t.* 9
verklammern, *t.* 9
verklären, *t.*, *r.* 9
verkleben, *t.* 9
verklecksen, *t.* 6
Part.: verkleckst
verkleiden, *t.* 7
Part.: verkleidet
verkleinern, *t.*, *r.* 9
verkleistern, *t.* 9
verklemmen, *t.*, *r.* 9
verklingen, *i.* [sein] 47
Part.: verklungen
verkloppen, *t.* 9
verklumpen, *i.* [sein] 9
verknacken, *t.* 9
verknacksen, *t.* 6
Part.: verknackst
verknallen, *t.*, *r.* 9
sich in jn. ~
verknappen, *i.* [sein] 9
verknechten, *t.* 7
Part.: verknechtet
verkneifen, *r.* 58
Part.: verkniffen
verkneten, *t.* 7
Part.: verknetet
verknöchern, *i.* [sein] 9
verknorpeln, *i.* [sein] 9
verknoten, *t.* 7
Part.: verknotet
verknüpfen, *t.* 9
verknusen, *t.* 6
nur im Inf. gebräuchlich
verkochen, *t.* [haben], *i.* [sein] 9
verkohlen, *t.* [haben], *i.* [sein] 9
verkoken, *t.* 9
verkommen, *i.* [sein] 63
Part.: verkommen
verkonsumieren, *t.* 9
verkoppeln, *t.* 9
verkorken, *t.* 9
verkorksen, *t.* 6
Part.: verkorkst
verkörpern, *t.* 9
verköstigen, *t.* 9
verkrachen, *r.* 9
verkraften, *t.* 7
Part.: verkraftet
verkramen, *t.* 9
verkrampfen, *r.* 9
verkriechen, *r.* 52
Part.: verkrochen
verkrümeln, *r.* 9
verkrümmen, *r.* 9
verkrusten, *i.* [sein] 7
Part.: verkrustet
verkühlen, *r.* 9
verkümmern, *i.* [sein] 9
verkünden, *t.* 7
Part.: verkündet
verkündigen, *t.* 9
verkupfern, *t.* 9
verkuppeln, *t.* 9
verkürzen, *t.*, *r.* 6
Part.: verkürzt
verlachen, *t.* 9
verladen, *t.* 15
Part.: verladen
verlagern, *t.* 9
verlanden, *i.* [sein] 7
Part.: verlandet
verlangen, *t.*, *i.* 9
verlängern, *t.*, *r.* 9
verlangsamen, *t.*, *r.* 9
verläppern, *t.*, *r.* 9
verlassen, *t.*, *r.* 13
Part.: verlassen
sich auf jn. ~
verlaufen, *i.* [sein], *r.* 17
Part.: verlaufen
verlautbaren, *t.* [haben], *i.* [sein] 9
verlauten, *i.* [sein] 7
Part.: verlautet
verleben, *t.* 9
verlegen, *t.*, *r.* 9
sich auf etw. ~
verleiden, *t.* 7
Part.: verleidet
verleihen, *t.* 61
Part.: verliehen
verleiten, *t.* 7
Part.: verleitet
verlernen, *t.* 9
verlesen, *t.* 31
Part.: verlesen
verletzen, *t.* 6
Part.: verletzt
verleugnen, *t.* 7
Part.: verleugnet
verleumden, *t.* 7
Part.: verleumdet
verlieben, *r.* 9
sich in jn. ~
verlieren, *t.*, *i.* *r.* 52
Part.: verloren
verloben, *r.* 9
verlocken, *t.* 9
verlodern, *i.* [sein] 9
verlöschen, *i.* [sein] 9
verlosen, *t.* 6
Part.: verlost
verlöten, *t.* 7
Part.: verlötet
verlottern, *i.* [sein] 9
verlumpen, *i.* [sein] 9
verlustieren, *r.* 9
vermachen, *t.* 9
jm. etw. ~
vermahlen, *t.* 8
Part.: vermahlen
vermählen, *t.*, *r.* 9
vermännlichen, *t.* 9
vermarkten, *t.* 7
Part.: vermarktet
vermasseln, *t.* 9
vermauern, *t.* 9
vermehren, *t.*, *r.* 9
vermeiden, *t.* 61
Part.: vermieden
vermeinen, *t.* 9
vermelden, *t.* 7
Part.: vermeldet
vermengen, *t.* 9
vermenschlichen, *t.* 9
vermerken, *t.* 9

vermessen, *t.* 30
Part.: vermessen
vermiesen, *t.* 6
Part.: vermieset
jm. etw. ~
vermieten, *t.* 7
Part.: vermietet
vermindern, *t.*, *r.* 9
verminen, *t.* 9
vermischen, *t.*, *r.* 9
du vermischst
vermissen, *t.* 6
Part.: vermisst
vermitteln, *t.*, *i.* 9
vermöbeln, *t.* 9
vermodern, *i.* [sein] 9
vermögen, *t.* 68
Part.: vermocht
vermummen, *t.*, *r.* 9
vermurksen, *t.* 6
Part.: vermurkst
vermuten, *t.* 7
Part.: vermutet
vernachlässigen, *t.* 9
vernageln, *t.* 9
vernähen, *t.* 9
vernarben, *i.* [sein] 9
vernarren, *r.* 9
sich in jn. ~
vernaschen, *t.* 9
du vernaschst
vernebeln, *t.* 9
vernehmen, *t.* 37
Part.: vernommen
verneigen, *r.* 9
sich vor jm. ~
verneinen, *t.* 9
vernichten, *t.* 7
Part.: vernichtet
vernickeln, *t.* 9
verniedlichen, *t.* 9
vernieten, *t.* 7
Part.: vernietet
vernuten, *t.* 7
Part.: vernutet
veröden, *t.* [haben], *i.* [sein] 7
Part.: verödet
veröffentlichen, *t.* 9
verordnen, *t.* 7
Part.: verordnet
verpachten, *t.* 7
Part.: verpachtet
verpacken, *t.* 9
verpassen, *t.* 6
Part.: verpasst
verpatzen, *t.* 6
Part.: verpatzt
verpennen, *t.* 9
verpesten, *t.* 7
Part.: verpestet
verpetzen, *t.* 6
Part.: verpetzt
verpfänden, *t.* 7
Part.: verpfändet
verpfeifen, *t.* 58
Part.: verpfiffen
verpflanzen, *t.* 6
Part.: verpflanzt
verpflegen, *t.* 9
verpflichten, *t.* 7
Part.: verpflichtet
jn. zu etw. ~
verpfuschen, *t.* 9
verpichen, *t.* 9
verplanen, *t.*, *r.* 9
verplappern, *r.* 9
verplempern, *t.* 9
verplomben, *t.* 9
verpönen, *t.* 9
verprassen, *t.* 6
Part.: verprasst
verproviantieren, *t.* 9
verprügeln, *t.* 9
verpuffen, *i.* [sein] 9
verpulvern, *t.* 9
verpuppen, *r.* 9
verpusten, *r.* 7
Part.: verpustet
verputzen, *t.* 6
Part.: verputzt
verqualmen, *t.* [haben], *i.* [sein] 9
verquasseln, *t.*, *r.* 9
verquicken, *t.* 9
verrammeln, *t.* 9
verramschen, *t.* 9
du verramschst
verraten, *t.* 11
Part.: verraten
jm. etw. ~
verrauchen, *t.* [haben], *i.* [sein] 9
verrechnen, *i.* 7
Part.: verrechnet
verrecken, *i.* [sein] 9
verregnen, *unp.* 7
Part.: verregnet
verreiben, *t.* 61
Part.: verrieben
verreisen, *i.* [sein] 6
Part.: verreist
verreißen, *t.* 60
Part.: verrissen
verrenken, *t.*, *r.* 9
verrichten, *t.* 7
Part.: verrichtet
verriegeln, *t.* 9
verringern, *t*, *r.* 9
verrinnen, *i.* [sein] 46
Part.: verronnen
verrohen, *i.* [sein] 9
verrosten, *i.* [sein] 7
Part.: verrostet
verrotten, *i.* [sein] 7
Part.: verrottet
verrücken, *t.* 9
verrühren, *t.* 9
verrußen, *t.* [haben], *i.* [sein] 6
Part.: verrußt
verrutschen, *i.* [sein] 9
du verrutschst
versachlichen, *t.* 9
versacken, *i.* [sein] 9
versagen, *t.*, *i.* 9
jm. etw. ~
versalzen, *t.* 6
Part.: versalzen
versammeln, *t.*, *r.* 9
versanden, *i.* [sein] 7
Part.: versandet
versauen, *t.* 9
versauern, *i.* [sein] 9
versaufen, *t.* [haben], *i.* [sein] 20
Part.: versoffen
versäumen, *t.* 9
verschachern, *t.* 9
verschachteln, *t.* 9
verschaffen, *t.*, *r.* 16
Part.: verschafft
verschalen, *t.* 9
verschandeln, *t.* 9
verschanzen, *t.*, *r.* 6
Part.: verschanzt
verschärfen, *t.*, *r.* 9
verscharren, *t.* 9
verschätzen, *r.* 6
Part.: verschätzt
verscheiden, *i.* [sein] 61
Part.: verschieden
verschenken, *t.* 9
verscherzen, *t.* 6

Part.: verscherzt
verscheuchen, *t.* 9
verschicken, *t.* 9
verschieben, *t.* 52
Part.: verschoben
verschießen, *t.* [haben], *i.* [sein], *r.* 53
Part.: verschossen
verschiffen, *t.* 9
verschimmeln, *i.* [sein] 9
verschlacken, *i.*, [sein] 9
verschlafen, *t.* 11
Part.: verschlafen
verschlagen, *t.* 15
Part.: verschlagen
verschlammen, *i.* [sein] 9
verschlämmen, *t.* 9
verschlampen, *t.* [haben], *i.* [sein] 9
verschlechtern, *t.*, *r.* 9
verschleiern, *t.* 9
verschleimen, *i.* [sein] 9
verschleißen, *t.* [haben], *i.* [sein] 60
Part.: verschlissen
verschlemmen, *t.* 9
verschleppen, *t.* 9
verschleudern, *t.* 9
verschließen, *t.*, *r.* 53
Part.: verschlossen
verschlimmern, *t.*, *r.* 9
verschlingen, *t.* 47
Part.: verschlungen
verschlucken, *r.* 9
verschlüsseln, *t.* 9
verschmachten, *i.* [sein] 7
Part.: verschmachtet
verschmähen, *t.* 9
verschmelzen, *t.* 39
Part.: verschmolzen
verschmerzen, *t.* 6
Part.: verschmerzt
verschmieren, *t.* 9
verschmoren, *i.* [sein] 9
verschmutzen, *t.* 6
Part.: verschmutzt
verschnaufen, *i.*, *r.* 9
verschneiden, *t.* 59
Part.: verschnitten
verschnörkeln, *t.* 9
verschnupfen, *t.* 9
verschnüren, *t.* 9
verschonen, *t.* 9
verschönen, *t.* 9
verschönern, *t.* 9
verschrammen, *t.* 9
verschränken, *t.* 9
verschrauben, *t.* 9
verschreiben, *t.* 61
Part.: verschrieben
jm. etw. ~
verschroten, *t.* 7
Part.: verschrotet
verschrotten, *t.* 7
Part.: verschrottet
verschrumpeln, *i.* [sein] 9
verschulden, *t.* 7
Part.: verschuldet
verschulen, *t.* 9
verschütten, *t.* 7
Part.: verschüttet
verschwatzen, *t.* 6
Part.: verschwatzt
verschweigen, *t.* 61
Part.: verschwiegen
etw. vor jm. ~
verschweißen, *t.* 6
Part.: verschweißt
verschwelen, *i.* [sein] 9
verschwenden, *t.* 7
Part.: verschwendet
verschwimmen, *i.* [sein] 46
Part.: verschwommen
verschwinden, *i.* [sein] 47
Part.: verschwunden
verschwitzen, *t.* 6
Part.: verschwitzt
verschwören, *r.* 66
Part.: verschworen
sich gegen jn./etw. ~
versechsfachen, *t.*, *r.* 9
versehen, *t.*, *r.* 31
Part.: versehen
~ mit etw.
verseifen, *t.* 9
versenden, *t.* 24
Part.: versendet, versandt
versengen, *t.* 9
versenken, *t.* 9
versetzen, *t.* 6
Part.: versetzt
verseuchen, *t.* 9
versichern, *t.*, *r.* 9
versickern, *i.* [sein] 9
versiebenfachen, *t.*, *r.* 9
versiegeln, *t.* 9
versiegen, *i.* [sein] 9
versifizieren, *t.* 9
versilbern, *t.* 9
versimpeln, *i.* [sein] 9
versinken, *i.* [sein] 47
Part.: versunken
versinnbildlichen, *t.* 9
versinnlichen, *t.* 9
versklaven, *t.* 9
versohlen, *t.* 9
versöhnen, *t.*, *r.* 9
versorgen, *t.*, *r.* 9
verspannen, *t.* 9
verspäten, *r.* 7
Part.: verspätet
verspeisen, *t.* 6
Part.: verspeist
verspekulieren, *t.*, *r.* 9
versperren, *t.* 9
jm. etw. ~
verspielen, *t.*, *i.* 9
verspießern, *i.* [sein] 9
verspleißen, *t.* 60
Part.: versplissen
verspotten, *t.* 7
Part.: verspottet
versprechen, *t.*, *r.* 35
Part.: versprochen
jm. etw. ~
versprengen, *t.* 9
verspritzen, *t.* 6
Part.: verspritzt
versprühen, *t.* 9
verspüren, *t.* 9
verstaatlichen, *t.* 9
verstädtern, *t.* 9
verstählen, *t.* 9
verständigen, *t.*, *r.* 9
verstärken, *t.*, *r.* 9
verstauben, *i.* [sein] 9
verstauchen, *t.* 9
verstauen, *t.* 9
verstechen, *t.* 35
verstecken, *t.* 9
Part.: versteckt
etw. vor jm. ~
verstehen, *t.*, *r.* 28
Part.: verstanden
versteifen, *t.*, *r.* 9
sich auf etw. ~
versteigen, *r.* 61
Part.: verstiegen
versteigern, *t.* 9
versteinern, *i.* [sein] 9
verstellen, *t.*, *r.* 9
versteppen, *i.* [sein] 9

versterben, *i.* [sein] 36
Part.: verstorben
versteuern, *t.* 9
verstimmen, *t.* 9
verstopfen, *t., i.* 9
verstoßen, *t.* 64
Part.: verstoßen
gegen etw. ~
verstreben, *t.* 9
verstreichen, *t.* [haben], *i.* [sein] 57
Part.: verstrichen
verstreuen, *t.* 9
verstricken, *t., r.* 9
verströmen, *i.* 9
verstümmeln, *t.* 9
verstummen, *i.* [sein] 9
versuchen, *t.* 9
versumpfen, *i.* [sein] 9
versündigen, *r.* 9
versüßen, *t.* 6
Part.: versüßt
vertäfeln, *t.* 9
vertagen, *t.* 9
vertändeln, *t.* 9
vertäuen, *t.* 9
vertauschen, *t.* 9
du vertauschst
etw. ~ gegen
vertausendfachen, *t., r.* 9
verteidigen, *t., r.* 9
~ gegen
verteilen, *t., r.* 9
verteuern, *t.* 9
verteufeln, *t.* 9
vertiefen, *t., r.* 9
vertilgen, *t.* 9
vertippen, *r.* 9
vertonen, *t.* 9
vertragen, *t., r.* 15
Part.: vertragen
vertrauen, *i.* 9
jm. ~, auf jn./etw. ~
vertreiben, *t.* 61
Part.: vertrieben
vertreten, *t.* 32
Part.: vertreten
vertrimmen, *t.* 9
vertrocknen, *i.* [sein] 7
Part.: vertrocknet
vertrödeln, *t.* 9
vertrösten, *t., r.* 7
Part.: vertröstet
vertrotteln, *i.* [sein] 9

vertrusten, *t.* 7
Part.: vertrustet
vertun, *t., r.* 69
Part.: vertan
vertuschen, *t.* 9
du vertuschst
verübeln, *t.* 9
jm. etw. ~
verüben, *t.* 9
verulken, *t.* 9
verunglimpfen, *t.* 9
verunglücken, *i.* [sein] 9
verunreinigen, *t.* 9
verunsichern, *t.* 9
verunstalten, *t.* 7
Part.: verunstaltet
veruntreuen, *t.* 9
verursachen, *t.* 9
verurteilen, *t.* 9
jn. zu etw. ~
vervielfachen, *t., r.* 9
vervierfachen, *t., r.* 9
vervielfältigen, *t.* 9
vervollkommnen, *t.* 7
Part.: vervollkommnet
vervollständigen, *t.* 9
verwachsen, *i.* [sein] 15
Part.: verwachsen
verwahren, *t., r.* 9
sich gegen etw. ~
verwalten, *t.* 7
Part.: verwaltet
verwandeln, *t., r.* 9
in etw. ~
verwarnen, *t.* 9
verwässern, *t.* 9
verwechseln, *t.* 9
verwehen, *i.* [sein] 9
verwehren, *t.* 9
jm. etw. ~
verweichlichen, *t.* 9
verweigern, *t.* 9
jm. etw. ~
verweilen, *i., r.* 9
verweisen, *t.* 61
Part.: verwieden
jn. auf etw. ~
verwelken, *i.* [sein] 9
verweltlichen, *i.* [sein] 9
verwenden, *t.* 24
Part.: verwendet, verwandt
verwerfen, *t.* 36
Part.: verworfen

verwerten, *t.* 7
Part.: verwertet
verwesen, *i.* [sein] 6
Part.: verwest
verwestlichen, *t.* 9
verwetten, *t.* 7
Part.: verwettet
verwichsen, *t.* 6
Part.: verwichst
verwickeln, *t.* 9
jn. in etw. ~
verwildern, *i.* [sein] 9
verwinden, *t.* 47
Part.: verwunden
verwirken, *t.* 9
verwirklichen, *t.* 9
verwirren, *t.* 9
verwischen, *t.* 9
du verwischst
verwittern, *i.* [sein] 9
verwitwen, *i.* [sein] 7
Part.: verwitwet
verwöhnen, *t.* 9
verwunden, *t.* 7
Part.: verwundet
verwundern, *t.* 9
verwünschen, *t.* 9
du verwünschst
verwurzeln, *i.* [sein] 9
verwuscheln, *t.* 9
verwüsten, *t.* 7
Part.: verwüstet
verzagen, *i.* [sein] 9
verzählen, *r.* 9
verzahnen, *t., r.* 9
verzapfen, *t.* 9
verzärteln, *t.* 9
verzaubern, *t.* 9
verzäunen, *t.* 9
verzehnfachen, *t., r.* 9
verzehren, *t., r.* 9
sich vor Liebe ~, sich nach jm. ~
verzeichnen, *t.* 7
Part.: verzeichnet
verzeihen, *t.* 61
Part.: verziehen
jm. etw. ~
verzerren, *t.* 9
verzetteln, *t., r.* 9
verzichten, *i.* 7
Part.: verzichtet
auf etw. ~

wegrücken, *t.* [haben], *i.* [sein] 5
wegrufen, *t.* 70
wegschaffen, *t.* 16
Part.: weggeschafft
wegschaufeln, *t.* 5
wegschenken, *t.* 5
wegscheren, *r.* 41
wegscheuchen, *t.* 5
wegschicken, *t.* 5
wegschieben, *t.* 52
wegschleichen, *i.* [sein], *r.* 57
wegschleppen, *t.* 5
wegschleudern, *t.* 5
wegschließen, *t.* 53
wegschmeißen, *t.* 60
wegschnappen, *t.* 5
wegschneiden, *t.* 59
wegschütten, *t.* 7
wegschwemmen, *t.* 5
wegschwimmen, *i.* [sein] 46
wegsehen, *i.* 31
wegsehnen, *r.* 5
wegsetzen, *t.*, *r.* 6
wegsperren, *t.* 5
wegspülen, *t.* 5
wegstecken, *t.* 5
wegstehlen, *t.*, *r.* 34
wegstellen, *t.* 5
wegsterben, *i.* [sein] 36
wegstoßen, *t.* 64
wegstreichen, *t.* 57
wegtragen, *t.* 15
wegtreiben, *t.* [haben], *i.* [sein] 61
wegtreten, *i.* [sein] 32
wegtun, *t.* 69
wegwaschen, *t.* 15
wegwehen, *t.* [haben], *i.* [sein] 5
wegwerfen, *t.* 36
wegwischen, *t.* 5
du wischst weg
wegwünschen, *t.*, *r.* 5
du wünschst weg
wegzaubern, *t.* 5
wegzerren, *t.* 5
wegziehen, *t.* [haben], *i.* [sein] 54
wehen, *t.*, *i.* 4
wehren, *r.* 4
sich gegen etw./jn. ~
weichen, *i.* [sein] 57
weiden, *t.*, *i.*, *r.* 7
sich an etw. ~
weigern, *r.* 4
weihen, *t.* 4

weilen, *i.* 4
weinen, *i.* 4
weisen, *t.* 61
weismachen, *t.* 5
weissagen, *t.* 5
weißen, *t.* 6
weiten, *t.*, *r.* 7
weiterbefördern, *t.* 9
weiterbestehen, *i.* 28
Part.: weiterbestanden
weiterbilden, *t.*, *r.* 7
weiterbringen, *t.* 43
weiterdenken, *i.* 27
weiterempfehlen, *t.* 34
Part.: weiterempfohlen
weiterentwickeln, *t.*, *r.* 9
weitererzählen, *t.* 9
weiterfahren, *i.* [sein] 15
weiterführen, *t.* 5
weitergeben, *t.* 29
weitergehen, *i.* [sein] 42
weiterhelfen, *i.* 38
weiterkämpfen, *i.* 5
weiterkommen, *i.* [sein] 63
weiterleben, *i.* 5
weiterleiten, *t.* 7
weiterlesen, *t.* 31
weitermachen, *t.* 5
weiterreichen, *t.* 5
weiterreisen, *i.* [sein] 6
weitersagen, *t.* 5
weiterschicken, *t.* 5
weiterverarbeiten, *t.* 7
Part.: weiterverarbeitet
weiterverbreiten, *t.* 7
Part.: weiterverbreitet
weiterverfolgen, *t.* 9
weiterverkaufen, *t.* 9
weitervermieten, *t.* 7
Part.: weitervermietet
weiterwursteln, *i.* 5
weiterzahlen, *t.* 5
weiterziehen, *i.* [sein] 54
welken, *i.* [sein] 4
wellen, *i.*, *r.* 4
wenden, *t.*, *i.*, *r.* 24
werben, *t.*, *i.* 36
um etw. ~
werden, *i.* [sein] 3
werfen, *t.* 36
werten, *t.* 7
wetteifern, *i.* 4
mit jm. in etw. ~

wetten, *t.*, *i.* 7
um etw. ~
wettern, *i.* 4
gegen etw./jn. ~
wettmachen, *t.* 5
wetzen, *t.* 6
wichsen, *t.* 6
wickeln, *t.* 4
widerfahren, *i.* [sein] 15
Part.: widerfahren
widerhallen, *i.* 5
widerlegen, *t.* 9
widerraten, *t.* 11
Part.: widerraten
jm. etw. ~
widerrufen, *t.* 70
Part.: widerrufen
widersetzen, *r.* 6
Part.: widersetzt
jm. ~
widerspiegeln, *t.*, *r.* 5
widersprechen, *i.*, *r.* 35
Part.: widersprochen
jm. ~
widerstehen, *i.* 28
Part.: widerstanden
jm. ~
widerstreben, *i.* 9
jm. ~
widmen, *t.*, *r.* 7
wiederbekommen, *t.* 63
Part.: wiederbekommen
wiederbringen, *t.* 43
jm. etw. ~
wiedererlangen, *t.* 9
wiedererobern, *t.* 9
wiedererstatten, *t.* 7
Part.: wiedererstattet
wiederfordern, *t.* 5
wiedergeben, *t.* 29
jm. etw. ~
wiedergewinnen, *t.* 46
Part.: wiedergewonnen
wiederholen, *t.* 9
wiederkaufen, *t.* 5
wiederkehren, *i.* [sein] 5
wiederschenken, *t.* 5
jm. etw. ~
wiegen, *t.*, *i.* 52
wiehern, *i.* 4
wienern, *t.* 4
wimmeln, *i.* 4
vor etw. ~